인맥이
그렇게
중요해
?

1을 투자하고 100을 얻는 인(人)테크 전략
인맥이 그렇게 중요해?

초판 1쇄 인쇄 2020년 5월 11일
초판 1쇄 발행 2020년 5월 18일

지은이 공준식

발행인 백유미 조영석
발행처 (주)라온아시아
주소 서울특별시 서초구 효령로 34길 4, 프린스효령빌딩 5F

등록 2016년 7월 5일 제 2016-000141호
전화 070-7600-8230 **팩스** 070-4754-2473

값 14,000**원**
ISBN 979-11-90233-86-6 (03190)

1을 투자하고 100을 얻는 인(人)테크 전략

인맥이 그렇게 중요해?

공준식 지음

RAON BOOK

- 프롤로그 -

절대 혼자 밥 먹지 마라!

현재 우리 사회는 1인 가구가 증가하면서 소위 혼밥과 혼술, 혼영 등 1인 체제가 유행이다. 혼자 밥 먹는 것도 이젠 당당할 필요가 있고, 부끄러운 일이 아니라고 얘기한다. 그러나 점점 개인주의가 일반화되면서 누군가에게 도움을 받거나 내 이야기를 하는 것 자체가 어려워지는 문제가 발생하고 있다.

인생은 관계의 연속이다. 언제까지 혼자일 수도 없고, 혼자서 살아가기에는 헤쳐 나가야 할 어려운 일들이 너무나 많다. 지금 내 주위에는 어떤 사람들이 있는가? 그리고 나는 어떤 사람들과 연락하고 있는가?

"모든 사람은 모든 사람에게서 도움이 필요하다"라는 독일의 시인이자 작가 베르톨트 브레히트(Bertolt Brecht)의 말처럼 우리는 전혀 생각지 못했던 뜻밖의 사람에게서 도움을 받고, 특별한 사람이 아니라고 생각했던 나 자신이 누군가를 살아가게끔 한다. 혼자였다면 꿈도 꾸지 못할 것을 곁에 있는 사람들 덕분에 이룰 수 있다. 그렇다. 우리는 알게 모르게 주변 사람들에게 크고 작은 '무언가'를 얻고 있다.

강연기획단 몽셸's 창단, 인테크의 소중함을 깨닫다

나는 학창시절부터 사람 만나는 것을 좋아했다. 사람들과 대화하는 것이 좋았고, 나와는 다른 사람들이 어떤 생각을 하는지 무척 궁금했다. 그래서 내게 말하고 싶은 사람들의 얘기를 들어주면서 스무살 때부터 크고 작은 상담을 하기 시작했다. 그저 들어주기 위한 형식적인 상담이 아닌 정말 내 문제라고 생각하고 진심으로 경청하고 조언했다. 그런 내 마음이 전달되었던 걸까, 나는 상담자들로부터 장문의 문자와 손편지를 꽤 많이 받았다.

그런데 오히려 그런 상담 기회를 통해서 내가 더 많은 것을 배우고 느낄 수 있었다. 그리고 '나'라는 사람으로 인해 누군가가 힘을 내고 변화하는 게 참 신기하고 감사했다. 그때 나는 다짐했다. "좀 더 많은 사람에게 나의 생각과 목소리를 들려주는 강연자가 되어 그들을 돕는 사람이 되어야겠다."

그렇게 스물한 살의 어린 나이에 나는 '강연'이라는 큰 꿈을 품게 되었다. 그후 강연의 꿈에 다가가기 위해 정말 많은 노력을 했다. 무대에서의 두려움을 극복하기 위해 레크리에이션 MC와 사회 보는 것을 시작했고, 상담도 꾸준히 했다. 그리고 좀 더 많은 사람들을 만나기 위해 여러 종류의 활동과 봉사를 했을 뿐만 아니라, 직장을 다니면서 20대에서부터 30~40대, 심지어 50대까지 다양한 연령대의 사람들과 모임을 갖고 대화를 나눴다. 그리고 주말에는 열아홉 살 때부터 꾸준히 해온 아르바이트도 병행했다.

다양한 경험과 다양한 사람들을 직접 경험하지 않으면 내 강연에 한계가 있을 것이라 생각했기 때문이다. 이렇게 오랫동안 수많은 활동들을 하고 나서야 비로소 강연기획단을 창단하고 강연을 시작할 수 있었다.

무엇보다 중요한 것은 그 많은 활동을 하면서 만난 사람들의 도움이 없었더라면 결코 강연기획단 몽쉘's를 창단할 수 없었다는 것이다. 단체를 만들기 위한 정보를 주고 장소를 빌려주신 분들, 단체를 운영할 때 주의해야 할 점을 알려주시고 힘을 주신 분들, 창단을 함께해준 멤버들. 이 많은 사람들의 도움이 있었기에 몽쉘's가 태어날 수 있었다.

그때부터 난 사람에 투자하는 '인테크'의 소중함을 확실히 깨닫게 되었고, 나의 시간과 마음을 인테크에 더 투자하게 되었다.

게다가 나는 직장 초년생으로서 직장과 아르바이트를 병행하면서 1억이라는 큰돈을 재테크가 아닌 인테크 덕분에 모을 수 있었다. 친구를 만나지 않았던 것도 아니고, 모임이 없던 것도 아니었다. 그저 사람들과 함께 일하는 것이 즐거웠고, 일터를 직원들과 함께 즐길 수 있는 놀이터로 만들었기에 가능했다.

결정적인 순간, 힘이 되어준 사람들

이 책을 쓰는 동안에도 나에게 큰 힘이 되어준 사람들이 있다. 7년 전 봉사할 때부터 강연기획단 창단까지 항상 나를 도와주었던 민호. 강연에 크게 관심도 없는 친구였는데 나를 믿고 끝까지 함께해주었다. 지금도 몽쉘's 부단장으로서 2년이 넘는 긴 시간 동안 너무 잘해주고 있고, 책을 쓰고 있는 나를 위해서 더 적극적으로 단체를 챙기고 신경 써주고 있다.

그리고 자존감이 낮아져 가는 나에게 내가 존중받고 있다고 느끼게 해준 후배 채은이. 최근에는 내 힘든 얘기를 들어준다고 두 시간 가까이 통화를 했다. 그래서 시간 내줘서 고맙다고 했는데 그런 나의 말에 그녀는 이렇게 답했다.

"아냐, 이건 시간을 낸 게 아니라 시간을 번 거랑 같아! 조금만 더 힘내."

어떻게 보면 별거 아니라고 생각할 수 있는 메시지일지 몰라도 이것은 내 자존감을 높여주었고, 다시 책에 집중할 수 있도록 해주었다.

마지막으로 《사회생활은 처음입니다만》을 집필한 박하연 작가님. 처음 책을 쓰는 나에게 꼭 필요한 조언을 주었고, 책을 쓰면서 어려웠던 부분이 생겨서 도움을 요청하면 많이 도와주었다.

인테크는 우리가 생각만 하던 그 모든 것을 가능하게 만들어준다. 다만 그 시작이 쉽지 않을 뿐이다.

하고 싶은 일은 많은데 시작하기 어려운 사람, 사람들과 친해지고 싶은데 쉽게 다가가지 못하는 사람, 뭘 해도 안 되는 사람, 사람 만나는 것 자체가 두려운 사람, 내가 별것 아니라고 생각되는 사람, 사람들 앞에서 도대체 무슨 말을 해야 할지 모르는 사람, 혼자가 익숙한 사람, 적이 많은 사람, 삶에 동기부여가 필요한 사람, 인테크로 성공하고 싶은 모든 사람들이 이 책과 그 시작을 함께하고, 문제를 해결해 나갈 거라 확신한다. 당신이 투자한 인테크로 인해 인생이 변하고, 많은 영향력을 끼칠 날도 얼마 남지 않았다.

나는 이 책에 지금까지 내가 사람들을 만나면서 느끼고 깨달았던 인테크 방법과 스킬을 소개했다. 이 책은 총 5장으로 구성되었다. 1장에서는 인테크란 무엇이며, 지금 이 시대에 왜 인테크를 해야만 하는지에 대해서 설명했다.

2장에서는 인테크를 시작하려는 사람들에게 도움이 되는 방법으로 다른 사람이 나를 찾게 하는, 즉 타인에게 인적자산이 되는 노하우를 제안하고 있다. 좋은 첫인상 만드는 방법부터 주위 사람들에게 꼭 필요한 인맥 되는 법, 상대의 다름을 인정하고 적을 만들지 않는 마법의 주문까지 바로 적용할 수 있는 조언들을 담았다.

3장에서는 인테크의 핵심인 내 주변에 사람이 모이게 만드는 방법들을 소개했다. 대화의 주도권을 내가 가지되 상대방을 말하게 하는 대화의 기술 다섯 가지, 인테크는 '갑자기' 시작하라, 모든 사람과 잘 지낼 필요는 없다 등 상대방의 마음을 얻을 수 있는 유용한 방법들을 제안하고 있다.

4장에서는 꿈, 취업, 친구, 가족, 돈, 직장 등 우리가 살면서 겪게 되는 문제를 인테크 측면에서 해석하고 그 문제에 대한 해결책으로 사람에 지치지 말고 쿨하게 인맥을 넓히라고 조언한다.

마지막으로, 5장에서는 성공적인 인테크를 실천하는데 유용한 모임 운영 노하우를 풀어놓았다.

한마디로 이 책은 사람에 미쳤던 내가 사람들과 어떻게 소통하고 교류했는지, 또 내 사람으로 만드는 방법은 무엇인지에 대해 자세하게 설명했다.

책을 써야겠다고 결심한 지는 오래되었다. 그러나 그 시작을 어떻게 해야 할지 너무나 막막했다. 그때 SNS를 통해 먼저 다가와 주신《손 병장은 어떻게 군대에서 2000만 원을 벌었을까?》를 쓴 손유섭 작가님과의 만남을 통해 당장 책을 써야겠다는 결정을 할 수 있었다. 이렇게 아이디어를 주신 손유섭 작가님과 책쓰기의 가능성을 제시해주신《이젠, 책쓰기다》의 저자 조영석 소장님, 그리고 책쓰기를 도와주신 라온북 김옥경 부장님께 감사의 말을 전하고 싶다.

마지막으로, 잘 다니던 회사를 그만두고 창업 준비를 할 때도, 그리고 열심히 창업 준비를 하다가 갑자기 책을 쓴다고 얘기했을 때도 언제나 나를 믿고 응원해준 우리 어머니, 아버지, 누나, 외할머니 모두에게 진심으로 감사하고 또 감사하다. 그래서 너무나도 사랑하는 하나뿐인 우리 가족들에게 이 책을 바친다.

공준식

목차

2장

다른 사람이 나를 찾게 하라

5장

성공적인 인테크를 위한 모임 운영 노하우가 있다

1장

20대, 성공하려면 재테크보다 인테크가 우선이다

20대,
인테크가 재테크다!

인테크의 의미

앞에서 잠깐 언급하긴 했지만, 인테크란 대체 무엇일까? 원활한 인간관계 가지기? 인맥관리? 사람에게 투자하기? 모두 맞는 말이다. 인테크는 '人 + tech'로, 사람을 다루는 기술이면서 좋은 인간관계를 가지기 위한 모든 방법을 말한다. 우리가 가지고 있는 인맥 또는 앞으로 새롭게 만나게 될 모든 사람들과의 관계를 통해 내 인생을 더 나은 방향으로 설계하는 기술이자 방법이다.

인테크에는 첫인상을 좋게 만드는 방법, 사람들과 대화하는 방법, 연락하는 방법, 시간 활용 방법, 연애를 잘하는 방법, 모임에 참가할 때 해야 할 행동 등 상당히 많다. 그리고 그 인테크를 통해 자존감을 회복하고, 상대방의 마음을 얻으며, 삶에 동기를 부여하고, 꿈을 얻기도 한다.

우리는 살아가면서 정말 많은 사람들을 만난다. 그러나 이렇게 매일 만나고 스쳐지나가는 사람들이 자신에게 우연인지 필연인지 전혀 신경 쓰지 않은 채, 정신없이 바쁜 하루하루를 살아가고 있다.

버스에서 자리를 양보해주었던 사람이 처음 입사한 회사의 같은 팀 부장님이기도 하고, 무거워 보이는 캐리어를 짐칸에 올려준 사람이 평생의 배우자가 되기도 한다. 그렇게 우리는 이 세상의 모든 사람과 갑자기 알게 되고, 평생 동안 알고 지내던 사람과 한순간에 남이 되기도 한다.

누군가에게 우리 모두는 특별한 사람일 수 있다

강연 준비를 하던 중 도저히 집중이 되지 않아 SNS를 시작했다. 최근에 SNS로 알게 된 어느 여성분이 글을 하나 올렸는데 그 글이 나의 메말랐던 마음을 강하게 자극했다. 그분으로 인해 나는 정말 큰 용기와 힘을 얻었다. 그 당시 나에게 너무나도 큰 영향을 주었던 글이기 때문에 조금 길지만 가감 없이 옮겨 적는다.

> 살면서 엄청 노력했던 일이 허무하게 실패한 적 있었나요?
> 저는 몇 년 동안 준비해서 2000:1의 경쟁률을 뚫고 프리패스권을 따내었고, 거의 달성이 확실시되었던 일이 있었어요. 그

하나를 이루기 위해 고등학교 때 대학생들의 전공과정을 미리 공부했고, 자격증을 14개나 취득하며 대회와 봉사 모든 걸 꼼꼼히 준비했어요.

스스로 성공을 직감하고 있던 때에 '연축성 발성장애(말을 할 때 목소리가 끊어지거나 처음 말을 시작하기가 힘들고 떨리면서 연속적으로 말을 이어나가기가 힘든 질환)'를 얻게 되었어요. 목소리가 떨리고 끊기는 희귀병인데 그 당시에는 말이 거의 나오지 않을 정도였죠.(발병 원인도 모르고 치료법도 나오지 않은 병이라고 하네요.)

최종면접을 앞두고 있었는데 병명도 모르던 때라, 너도 모르고 나도 모르는 이 병 때문에 속만 타들어갔어요. 어렸을 때부터 합창단이며 찬양팀 소프라노는 맡아서 했어요. 당시 피아노를 전공했던 언니를 따라 음악에 관심이 많았고 노래도 즐겨 불렀는데 이조차도 하지 못했었죠.

결국, 최종에서 떨어지게 되었고, 한동안 남에게 내색은 하지 않았지만 뒤에서 우는 날도 많았고, 낙담도 많이 했답니다.(긴장하면 목소리가 아예 안 나왔었어요.)

무엇보다 친구들에게 부끄러웠고, 선생님과 부모님에게 실망감을 안겨드렸다는 죄책감이 마음 한편에 자리 잡았어요.

그로부터 몇 년이 흐른 지금, 대화와 노래는 가능할 정도로 많이 호전되었어요.(큰 소리를 낼 수는 없어서 술집을 가도 조용한 곳을 가고, 높은 음의 노래는 부르지 않아요.) 최종에서 떨어진 뒤 제일 많이 들었던 말은 "1년만 준비해서 다시 도전해봐, 아깝잖아"라는 말이었어요. 저도 고민을 정말 많이 했지만 하지 않았어요. 대신 제 몸에 이런 문구를 새겼어요.

"Regret for wasted time is more wasted time(낭비한 시간에 대한 후회는 더 큰 시간 낭비이다)."

지나간 시간에 대해 후회하지 않고 새로운 도전을 하기로 마음먹었어요. 새 진로를 결정하기까지 수많은 방황을 했지만, 자리를 잡고 뒤돌아보니 이 모든 일이 제가 성장할 수 있는 밑거름이 되어주었더군요.

누구나 실패해본 경험이 있을 거예요. '이 기회를 놓쳤으니 다신 오지 않을 거야, 난 실패자야'라고 생각하진 않았나요?

기회의 신 카이로스의 모습은 앞머리가 길고 뒷머리가 없다고 하죠. 다가오는 기회는 잡을 수 있지만 지나간 기회는 못 잡으니까요. 물론 불행히도 같은 기회는 다신 오지 않을 수 있습니다. 하지만 다른 기회는 분명 올 거예요. 그 기회를 잡으면 됩니다. 하지만 새로운 기회의 신이 다가왔을 때 울고만 있다면 당신에게 다가온 줄도 모르고 놓쳐버리겠죠.

올 한 해는 새로운 기회가 다가왔을 때 그 기회를 잡을 수 있는 여러분이 되시기를 바랄게요. 아 물론 저도!

오늘은 2020년 1월 16일 목요일, 올해 나는 서른 살이다. 29년을 내가 하고 싶은 일을 하면서 살았다. 대학에 다니면서 교내외 활동을 정말 다양하게 많이 해보고, 아르바이트와 연애도 꾸준히 했다. 졸업 후에는 직장을 다녔다. 직장을 다니면서도 아르바이트와 봉사활동, 강연기획단 창단 등을 하며 하고 싶은 일을 계속했다. 참 좋은 일들이 많았다.

하지만 안 좋은 일은 한꺼번에 온다고 했던가. 작년 하반기에는 힘든 일이 많았다. 오랫동안 달고 살던 피부병이 부쩍 심해져서 약을 더 많이 먹어야 했고, 오랫동안 만나던 연인과도 이별했다. 그리고 퇴사를 하고 맘먹고 준비했던 창업마저 실패하게 되었다. 정말 힘들었다. 앞이 깜깜했다. 지금까지 잘해왔는데, 그동안 잘 쌓아온 탑이 단번에 무너지는 것 같았다.

그렇게 낙담하던 내가 최대한 정신을 차리고 강연 준비를 하던 중 SNS에 올라온 저 글을 읽게 된 것이다.

물론 모든 일이 항상 잘될 수는 없다. 정말 열심히 노력하고 준비해서 이룰 수 있었던 꿈을 전혀 예상치 못한 일로 갑자기 포기해야 할 때가 오기도 하고, 지금까지 너무 잘 지내서 평생을 함께할 것 같았던 사람과 최악의 관계가 되기도 한다.

하지만 위 글에서 나오는 것처럼 낭비한 시간에 대한 후회는 더 큰 시간 낭비이다. 그 말을 되새기며 나는 더 이상 울지 않고 새로운 기회의 신이 올 때까지 열심히 준비하기로 다짐했다. 그 다짐은 힘들었던 시기의 나를 성장하게 했고, 새로운 출발을 할 수 있도록 만들었다.

정말 평생을 모르고 살 수 있었던 사람, 얼굴 한 번 마주치지 않았던 사람 덕분에 내 인생에서 가장 힘들었던 시기를 잘 극복할 수 있었다. 난 시간이 흐른 뒤, 그분께 진심이 담긴 감사의 글을 보냈다. 그래도 지금 이 책을 통해 다시 한 번 감사하다고 말씀드리고 싶다.

이처럼 인테크는 평소에 알고 지내던 사람과 더욱 돈독한 사이가 되게 해주고, 처음 알게 된 사람과도 부담 없이 관계를 시작하게 해준다. 때로는 인테크가 혼자 극복할 수 없고, 혼자였으면 결코 해내지 못할 것들을 이루게 해주고, 서로를 성장하게 만든다.

그리고 정말 별것 아니라고 생각했던 내가 누군가에게는 특별한 사람일 수 있게 만들어주는 게 바로 인테크인 것 같다.

인테크의 핵심가치 세 가지

사람마다 풍기는 고유한 기운이 있다

혼자 이런저런 생각을 하다가 주변 사람들에게 물었다.

"네가 생각했을 때 공준식이란 어떤 사람이야?"

평소에 나는 자신을 잘 아는 편이라고 생각한다. 그래서 다른 사람들은 나를 어떻게 생각하는지 무척 궁금했다. 내가 생각하는 나와 얼마나 다른지 알고 싶었던 것이다.

나와 12년 가까이 알고 지내는 친구는 이렇게 대답했다.

"준식아, 넌 사람을 정말 좋아하는 것 같아. 그래서 사람 만나는 것도 좋아하고 말이야. 근데 좀 다른 게 있다면 사람을 대할 때 진심이 느껴진다고 해야 할까? 목적이 있어서 다가가는 게 아니라, 진짜 사람 자체에 관심이 많아 보여. 그래서 순수한 마음이 전달되는 것 같아."

그 친구 말고 가깝다고 생각되는 친구들 몇 명에게도 물어봤는데 거의 90퍼센트 이상이 사람을 좋아한다는 말을 꼭 했다.

'내가 생각하는 나'와 '다른 사람들이 생각하는 나'는 비슷한 점이 꽤 많았다. 그중에서 사람을 좋아한다는 것은 정말 똑같았다.

그렇다. 나는 사람을 정말 좋아한다. 어릴 적부터 가족들과 함께 하는 시간이 많았고, 좋은 가정환경 덕분에 사람에 대한 거부감이 전혀 없었다. 그리고 집에 있는 시간보다 밖에서 사람 만나는 시간이 많았고, 학창시절부터 지금까지 사람들 앞에 나서는 반장, 부반장, 팀장, 동아리장 등을 끊임없이 했다.

"왜 그렇게 사람을 좋아하는 거야? 그렇게 사람을 많이 만나면 피곤하지 않아?"

그래서일까 30년 동안 이런 질문을 몇 번이나 받았는지 모른다. 나는 외향성을 가진 사람이라 사람을 만나고 대화하는 것 자체가 쉬는 것이고, 그렇게 에너지를 충전한다.

사람마다 각자 뿜어내는 고유한 기운이 있다. 그것은 바로 느껴지는 게 아니라 몇 차례 만나고 얘기하면서 조금씩 느낄 수 있다. 좀 더 가까워지면 사람마다 개성 있는 그 기운을 조금씩 받게 되는데 난 그게 너무나 좋았다. 이것이 내가 인테크에 투자하게 된 가장 큰 이유였다. 그 기운을 받기 위해 내 주변의 많은 사람들에게 진심으로 다가갔다.

이렇게 사람에 투자하면서 내가 인테크로 어떻게 많은 것을 얻을 수 있는지 알 수 있었다. 자세한 스킬은 뒤에서 알아보도록 하고, 그 전에 반드시 알아야 할 인테크의 핵심가치 세 가지부터 소개하겠다.

인테크의 핵심가치 세 가지

사람에 투자하면서 나는 많은 것을 얻을 수 있었다. 이런 인테크를 이루는 가치에는 관심, 진실함, 관용이라는 핵심가치가 있다. 이 세 가지 핵심가치에 대해 좀 더 자세히 살펴보겠다.

관심

인테크의 첫 번째 가치는 '관심(關心)'이다. 제일 처음 소개하는 만큼 관심은 가장 중요한 핵심가치라고 할 수 있다. 관심이 없으면 관계의 시작조차 할 수 없다. 내가 관심을 갖고 상대방을 대하는 것은 첫 번째 단추를 채우는 것이다. 가장 기본적이면서 제일 중요하다.

관심을 가지면 상대방이 사용하는 단어와 행동이 보이고, 무엇을 즐겨하는지 알게 된다. 그러다 보면 어떤 주제로 대화를 시작해야 하는지가 보이고, 자연스럽게 긍정적인 관계가 시작될 수 있다.

모든 관계가 똑같다. 마음에 드는 이성에게 다가갈 때처럼 상대방에게 관심을 가져야 한다. 어떤 모임이나 활동을 하면서 나와 마주치게 되는 사람들에게 만큼은 관심을 갖고 먼저 다가가 보자. 나와 어떤 공통 관심사를 가지고 있는지, 또 어떤 배울 점이 있는지 찾아보도록 하자.

진실함

인테크의 두 번째 가치는 '진실함'이다. 사람에게 다가갈 때는 진실하게 다가가야 한다. 어떻게든 내 이익을 채우기 위한 접근은 오히려 화가 되어 돌아올 수 있다. 온전히 상대방에게 집중하여 진심을 다할 때 그 마음이 상대방에게도 전달된다. 그 진실된 마음이 전달되기까지 오랜 시간이 걸릴 수도 있지만 절대 배신하진 않는다.

진실한 마음으로 상대방에게 다가가는 것과 동시에 있는 그대로의 내 모습을 보여주는 것이 중요하다. 완벽한 모습을 보여주어야 나에게 관심을 가져줄 거라고 생각하면 큰 오산이다.

미국의 심리학자 캐시 애론슨(Kathy Aaronson)이 제시한 실수효과(Pratfall Effect)에 의하면, 사람들은 완벽한 사람보다는 다소 빈틈이 있는 사람을 좋아한다. 나의 부족한 모습도 상대방에게 드러내고 솔직한 모습을 보이는 것 또한 인테크에서 매우 중요하다.

관용

인테크의 세 번째 가치는 '관용(寬容)'이다. 관용은 남의 잘못을 너그럽게 받아들이거나 용서한다는 뜻이다.

《마음의 평화(Peace of Mind)》를 집필한 미국 랍비이자 베스트셀러 작가인 조슈아 로스 리브먼(Joshua Loth Liebman)은 관용을 이렇게 말했다.

"관용이란 다른 사람이 갖고 있는 신념, 실천, 그리고 습관을 반드시 내가 받아들여야 한다는 부담 없이 긍정적이고 진지하게 이해하고 노력하는 것이다."

한마디로 나와 다름을 인정한다는 말이다. 나와 다른 것은 틀린 것도 잘못된 것도 아니다. 서로의 의견을 존중하고 있는 그대로 받아들여야 한다.

매번 이성적으로는 다름을 인정하려고 하지만 막상 나와 다른 의견을 가진 사람을 보면 괜히 불편하고 반감부터 생긴다. 쉽지는 않겠지만 상대방이 나와는 다른 의견을 가지고 있더라도 그 의견을 존중하고 상대방을 배려하는 자세를 가지도록 노력해보자.

지금까지 인테크의 핵심가치에 관해서 얘기해보았다. 나처럼 사람을 좋아하지 않을 수 있고, 외향적이지 않을 수도 있다. 하지만 이것만큼은 확실히 얘기해주고 싶다. 인테크는 할 수 없다고 생각하면 안 되지만, 할 수 있다고 생각하면 그 누구든지 할 수 있다. 지금까지 나에겐 어렵고 힘든 게 인테크였다면, 이제부턴 나도 잘할 수 있는 게 바로 인테크가 될 것이다.

인테크의 핵심가치를 마음에 새기고 지금부터 함께 시작해보자. 이 책을 잡은 당신, 이미 반은 성공했다.

아무리 개인화된 사회라도
혼자 성공할 순 없다

빅데이터 분석기업 다음소프트의 생활변화관측소는 최근 급증하는 검색어를 발견했다. '코인노래방'은 지난 3년간 8배나 검색량이 늘었고, 방송플랫폼의 언급량을 비교해보니 2019년 1월을 기점으로 넷플릭스가 SBS, KBS, MBC 등 지상파를 역전했다. 2013년 '혼밥'이란 단어가 등장한 이래 혼술, 혼영, 혼커, 혼스시, 혼라이프까지 '혼○'으로 설명되는 단어는 2018년 39개까지 증가했다. '혼○'의 공통점은 나만의 즐거움을 표현한다는 점. '독박육아'는 불평의 뉘앙스를 전달하지만 '혼술'은 자발적 즐거움의 뜻을 담고 있다.

'혼자의 시대'를 맞아 친구를 찾는 밀레니얼 세대에게는 기업이 친구가 되어줘야 한다. 연말을 앞두고 2020년을 전망하는 트렌드 예측서들이 쏟아지는 가운데 이 책들이 공통으로 짚은 키워드는 '외로움'을 공략하라는 것이었다.

— 김슬기, 〈2020년, '외로움'을 팔아라〉, 《매일경제》, 2019. 10. 30.

기사에서처럼 2013년에 등장한 '혼밥'을 시작으로 혼자서 즐거움을 찾는 것이 트렌드가 됐고, 2020년에도 '외로움'이란 단어가 주목받고 있다. 무엇이든 혼자해도 어색하지 않은 개인주의가 일반화된 지금 시대에 학교, 직장 같은 단체생활은 어떻게 해야 할지가 다시 우리에게 숙제로 주어졌다.

이대로 쭉 혼자가 되면 어떻게 될까? 혼자 있는 것이 편하고 누군가와 함께하는 것이 불편해진다면 만족하겠는가?

절대 혼자에 익숙해지지 마라

프랑스 작가이자 비행사인 생텍쥐페리가 얘기했다.

"누군가는 성공하고 누군가는 실수할 수도 있다. 하지만 이런 차이에 너무 집착하지 마라. 타인과 함께, 타인을 통해서 협력할 때에야 비로소 위대한 것이 탄생한다."

혼자가 아닌 누군가와 함께할 때 전혀 생각지도 못했던 놀라운 결과를 얻을 수 있다는 말이다.

"혼자가 편해요, 괜히 다른 사람 눈치 볼 필요도 없고 얼마나 좋아요?"

내 주변에 혼자가 익숙한 사람들이 자주 하는 말이다. 밥 먹을 때 메뉴도 내가 먹고 싶은 걸 편하게 고를 수 있고, 여행 가서 괜히 얼굴 붉힐 일도 없단다.

근데 나는 오히려 혼자가 어려웠다. 집을 제외하고 혼자서 밥을 먹은 적도 손에 꼽을 정도고, 혼자 영화를 보거나 혼자 여행을 간 적도 단 한 번뿐이다.

혼자 있으면 밥 먹을 사람을 찾았고, 하루에 세 건씩 약속을 잡는 경우도 허다했다. 한마디로 나는 사람에 미쳤었기 때문에 사람들과 함께 있는 시간이 너무 소중하고 행복했다.

혼자가 어색하고 함께 있는 것이 익숙했던 나였기에 지금의 '나'에게는 정말 많은 사람들이 곁에 있다. 힘들 때 기댈 수 있는 사람, 기쁠 때 함께 기뻐해줄 사람, 새로운 단체를 만들 때 조언을 해준 사람, 창업할 때 유익한 정보를 주었던 사람, 디자인은 1도 모르는 나에게 직접 포스터를 만들어준 사람, 내가 꿈을 이룰 수 있게 함께 발로 뛰어준 사람, 새벽 1시에 배가 고프면 만나서 같이 라면을 먹어줄 사람까지 모두 내 곁에 있다.

"집을 가장 아름답게 꾸며주는 것은 자주 찾아오는 친구들이다"라는 미국의 사상가 랄프 왈도 에머슨(Ralph Waldo Emerson)의 말처럼 주변의 많은 사람들이 내 인생이란 집에 불쑥 찾아와서 내가 부탁도 하지 않았는데 내 집을 너무 아름답게 꾸며주고 있었다. 함께 수업을 듣고, 함께 밥을 먹고, 함께 술 한잔했던 그 사람들이 말이다.

소소하게 시작했던 관계가 지금은 서로의 인생에 정말 큰 영향력을 미치고 있다. 내가 건넨 말 한마디로 자존감을 찾았고, 어쩌다 소개받은 사람이 창업을 시작할 수 있게 도와주었다. 때론 기대했던 사람이 실망을 주기도 하지만, 뜻밖의 사람이 내 인생의 영웅이 되기도 한다.

협력을 통해 오랜 꿈을 이루다

"그래, 너는 어떤 삶을 살고 싶니?"

"행복한 삶이요. 다른 사람들에게 행복해 보이는 삶 말고 내가 행복해하는 삶이요."

– 이진이, 《미안하지만, 오늘은 내 인생이 먼저예요》, 위즈덤하우스, 2018, 90쪽

나는 '꿈(몽, 夢)을 공유(Share)하는 사람들'이라는 뜻의 강연기획단 몽쉘's를 운영하면서 그곳에서 메인 강연자로 활동하고 있다. 한번은 '행복'을 주제로 강연을 한 적이 있는데 그때 나는 관객들에게 물었다.

"어떤 삶이 행복한 삶인가요?"

그랬더니 몇몇 분이 이렇게 대답했다.

"성공한 삶이요", "돈 많이 버는 거요", "좋은 직장에 취직하는 거요."

그래서 나는 다시 물었다.

"성공한 삶이란 어떤 삶인가요?"

잠깐의 침묵이 흘렀고, 나는 이어서 얘기했다.

"성공의 기준이 사람마다 매우 다르다고 생각해요. 여러분들도 그렇게 생각하실 거고요. 그런데 제가 생각했을 때 성공한 삶이란, 내가 하고 싶은 일을 하면서 사는 삶이라고 생각해요. 그래서 저는 하고 싶은 일을 하고 있는 지금, 너무 행복합니다. 이런 저에게 박수 한 번만 주시면 안 될까요?"

내 말이 끝남과 동시에 나는 뜨거운 박수갈채를 받았다.

정말 하고 싶었던 강연이란 꿈을 이루기 위해 나는 2018년 2월에 강연기획단 몽쉘's를 창단했다. 아무것도 없는 나였기에 누구도 나를 강연자로 세울 이유가 없었다. 그래서 직접 강연기획단체를 만들게 되었다. 그때 내 곁에는 부단장 민호와 홍보팀장 혜영이가 있었다.

강연을 해야겠다는 의지만 강했던 나는 그 당시 대외활동 분위기가 어떤지 잘 몰랐다. 그래서 대외활동 기자단을 했던 혜영이가 대외활동 시장을 파악했고, 부단장 민호는 영상촬영 장비 및 장소 대관을 담당했으며, 나는 오직 기획에 매진했다.

그렇게 우리는 3개월 만에 운영진 모집, 프로그램 기획, 영상촬영 장비 대여, 장소 대관까지 모두 완료했고, 2018년 5월 13일에 첫 강연을 성공적으로 진행할 수 있었다.

첫 강연이 끝난 이후부터 지금까지 몽쉘's는 많이 성장했다. 갈수록 더 많은 사람들이 찾아와 주었고, 운영진을 모집할 때도 50명이 넘는 인원이 지원했다. 솔직히 대단하지도 않은 우리 세 명이 모여서 면접을 진행하여 운영진을 뽑았고, 창단한 지 얼마 되지도 않은 단체에 40명 가까운 인원이 강연을 보러 왔다.

혼자라면 절대 할 수 없었던 일이 서로를 믿으며 소통하고 협력했기에 가능했다. 지금 다시 생각해봐도 너무 신기하고 놀랍다. 정말 소박하게 시작했는데 너무 과분한 사랑을 받고 있는 게 아닌가 싶다.

우리의 인생은 관계의 연속이다. 아무리 혼자 열심히 살아보려고 해도 사람과 부딪힐 수밖에 없고, 나 혼자 하고 싶은 일을 찾아도 결국 사람들과 마주하게 된다. 그래서 굳이 사람을 멀리할 필요는 없다.

나도 며칠 전 혼자 여행을 다녀왔다. 늘 친구와 함께 가던 여행을 혼자 가보고 싶었다. 나의 버킷리스트였으니까 말이다.

가끔 혼자 밥을 먹고, 혼자 영화를 보고, 혼자 여행을 다녀도 좋다. 하지만 절대, 절대 혼자에 익숙해지지는 마라. 우리는 결코 혼자 성공할 수 없다.

"혼자 가면 빨리 가고, 같이 가면 멀리 간다"라는 말이 있다.

나는 그 말을 이렇게 바꾸고 싶다.

"혼자 가면 방황하고, 같이 가면 빨리, 더 멀리 간다."

놀 줄 아는 사람이 세상을 변화시킨다

몇 달 전, 어느 고등학교에서 강의를 한 적이 있다. 한 반을 4시간 동안 수업해야 했기 때문에 나는 되도록 쉬는 시간을 많이 주고 싶었다. 그래서 점심시간 전이었던 4교시에 15분 정도 일찍 끝내면서 학생들에게 이렇게 말했다.

"얘들아, 오전에 다들 열심히 잘 따라와 주었으니깐 선생님이 이번 교시는 15분 정도 일찍 끝내줄게. 교실에서 너무 시끄럽지 않게 편하게 놀아."

그런데 내 말이 끝나자마자 한 학생이 나에게 물었다.

"선생님, 뭐 하고 놀아요?"

놀란 나는 "응? 뭐 하고 놀면 되냐고?"라고 되물었고, 그 아이는

"네. 혹시 핸드폰 봐도 돼요?"라고 했다.

정말 놀라지 않을 수 없었다. 어떻게 놀면 되냐고 물어볼 줄은 꿈에도 생각하지 못했던 것이다. 그리고 겨우 생각해낸 것이 핸드폰이라니. 내가 학생 때는 쉬는 시간만 되면 가위바위보를 하며 딱밤을 때리거나 학종이 따먹기, 딱지치기, 팔씨름 등 뭐든 그냥 생각나는 대로 놀았기 때문이다.

지하철과 버스만 타도 마찬가지다. 요즘은 친구와 함께 가는데도 각자 핸드폰 보기에 바쁘고, 대화하러 간 카페에서도 커피를 시켜놓고 SNS만 하고 있다.

요즘 많은 사람들이 정말 놀 줄 모른다. 혼자에 익숙하고 가만히 핸드폰만 보는 게 일상인 사람들에게 재밌게 놀라고 하는 것이 더 고통스러울지도 모르겠다.

우리는 그 누구보다 재밌게 놀아야 할 필요가 있다. 단지 공부하고 일하면서 스트레스를 풀기 위해서가 아니라 더 많은 이유에서 우리는 열심히 잘 놀 필요가 있다. 그 이유는 무엇일까?

20대, 열심히 잘 놀아야 하는 이유

많은 직장인들이 월요일, 화요일, 수요일, 목요일을 안간힘을 다해 버틴다. 왜? 금요일을 위해서. 열심히 일한 나를 위해 그 누구보다 불타는 금요일을 보내야 하는 것이 우리의 숙제다. 하지만 막상 금요일이 되면 여느 때와 같이 집으로 향하는 건 참 아이러니한 일이다.

잘 노는 사람들의 특징이 있다. 그들은 공감을 잘하고, 사람의 마음을 움직일 줄 안다는 것이다.

사람은 놀다 보면 자연스럽게 마음이 편해진다. 처음에는 어색하고 불편했을지라도 시간이 지나면서 익숙해지고 점점 그 분위기에 취하게 된다. 그러고 나면 서로의 즐겁거나 슬픈 감정을 드러내기 때문에 상대방에게 공감하는 능력이 저절로 늘게 된다.

어릴 때 부모님과 잘 놀았던 사람은 커서도 다르다. 어릴 때 부모님 또는 할머니, 할아버지와 놀면서 소통하지 않았다면 커서도 사람들과 친해지는 것이 어려울 수 있다.

아기 때는 단순히 숨바꼭질하면서도 '까꿍' 한마디에 웃고 또 웃는다. 그리고 스킨십을 하면서 서로 간의 관계도 자연스럽게 돈독해진다.

아기 때 놀면서 정서를 공유했던 아이는 자신의 감정을 솔직하게 드러낼 줄 알고, 타인에 대한 거부감도 적다. 그렇게 놀면서 우리는 많은 것을 배웠다.

구글, 페이스북을 포함한 많은 IT 기업들도 이러한 노는(?) 방식을 이용한 '타운홀 미팅(Town Hall Meeting) 제도'를 벤치마킹하여 직원들 간의 소통에 박차를 가하고 있다. 타운홀 미팅 제도는 임직원 간의 자유로운 토론을 통해 서로 소통하면서 사내 문제의 해결책을 찾는 공개회의 방식이다. 그만큼 편하게 얘기할 수 있는 분위기가 되어야 직원들이 아이디어를 자유롭고 다양하게 낼 수 있다는 걸 알기 때문에 이렇게 많은 노력들을 하고 있는 것이다.

친해지면 성과는 자연스럽게 따라온다

내가 창단한 강연기획단 몽쉘's의 핵심 키워드는 '소통'이다. 이 단체를 만들었던 목적 자체가 사람들과 소통하기 위함이었고, 그 소통의 장을 만들기 위해서는 단체를 함께 이끌어가는 운영진들과 소통하는 것이 우선이었다.

몽쉘's는 운영진이 뽑힌 3월부터 5월까지는 나를 제외하고 크게 일을 하지 않는다. 매년 5월에는 내가 직접 강연을 하는데, 운영진들은 그 강연을 준비하는 과정을 지켜보면서 기획단에 적응하는 시간을 갖는다.

그리고 OT, MT, 자기소개, 문화생활 등을 하며 일단 놀면서 친해지는 시간을 필수적으로 갖는다. 서로 친해지지 않으면 강연을 기획하기 위한 회의는 진행하지 않는다. 회식도 반드시 하고, MT 참석률만큼은 항상 100퍼센트가 되도록 노력한다. 처음부터 너무 부담 주지 않고 천천히 친해지는 시간을 꾸준하게 만든다. 나중에 내가 없어도 운영진들끼리 모여서 즐겁게 놀고 있는 모습을 보면 왠지 정말 뿌듯하다.

그렇게 친해지고 나면 5월 강연에서도 관객들과의 분위기를 너무 잘 이끌어주고, 내부 강연회에서도 믿기지 않는 강연을 보여준다. 또한 운영진들끼리 새로운 프로그램을 기획하여 50명에 가까운 인원을 모으고, 진행하는 멋진 모습을 보여주기도 한다. 그때부터 난 어느 정도 방향만 제시할 뿐 다들 스스로 계획하고 준비한다.

운영진들과의 소통은 물론이고 강연에서도 노는 것은 빠지지 않는다. 몽쉘's의 모든 프로그램에는 1부에 서로 친해지게 하는 아이스 브레이킹(Ice Breaking) 시간이 있다. 절대 변하지 않는 규칙이다. 내가 레크리에이션을 했던 경험이 있기 때문에 매번 열심히 준비한다.

몽쉘's의 강연은 듣기만 하는 수동적인 강연이 아니다. 관객들이 직접 참여하고 강연자와 관객, 관객과 관객이 모두와 얘기하고 소통하는 새로운 형식의 강연이다. 그래서 옆 사람과 어색하지 않는 것이 상당히 중요하기 때문에 1부 아이스 브레이킹 시간에 어떻게든 친해지게 만든다.

그러고 나서 2부에서 본격적인 강연을 시작하고, 3부에서는 강연 내용을 토대로 또다시 얘기하고 소통하며 발표하는 시간을 가진다.

이렇게 강연이 끝나고 나서 설문지를 작성하면 80퍼센트 이상의 분들이 이런 말을 적어주신다.

"일반적인 강연과는 달리 사람들과 강연 주제에 대해 재밌게 얘기할 수 있었고, 다른 사람들의 생각을 알 수 있어서 좋았어요."

물론 좋은 강연을 들려주기 위해 정말 열심히 준비하고 노력한다. 그런데 많은 사람들이 꾸준히 강연을 보러 오는 이유는 서로 얘기하면서 놀 수 있게 만들어주기 때문이다. 혼자서는 친해지기 힘들 수 있으니 우리가 적당히 밥상을 차려 놓으면 관객들이 알아서 맛있게 드시는 것이다.

문화심리학자 김정운 박사는 이렇게 얘기했다.

"나는 놈 위에 노는 놈 있다."

놀 줄 아는 직장인은 회사 분위기를 밝게 만들고, 고객을 감동시킬 줄도 안다. 그리고 놀 줄 아는 기업과 단체는 퇴사율이 낮고 매출이 높다.

이제 좀 놀아야 할 것 같지 않은가? 처음부터 너무 '성공'과 '행복'이란 단어에 목숨 걸지 말자. 제대로 놀 계획부터 하자. 어떻게 노는지 알게 된다면 나머지는 자연스럽게 따라올 것이다. 놀 줄 아는 사람이 세상을 변화시킨다.

소통과 협력, 100대 기업이 뽑은 인재의 덕목 1위

인공지능(AI), 가상현실(VR), 자율주행 자동차, 사물인터넷(IoT) 등으로 대표되는 4차산업혁명 시대가 도래했다. 과거 인간이 하던 일을 이제는 기계와 컴퓨터가 대신하고 심지어 인간 대신 생각하고 판단까지 한다.

대표적인 예가 2016년 이세돌 9단과 알파고의 바둑 대결이다. 당시 이세돌 9단은 4 대 1 혹은 5 대 0으로 자신이 이길 것이라고 예상했지만, 제4국만 승리하고 1 대 4로 패하고 말았다.

이렇게 점점 발전하고 있는 인공지능은 인간의 자리를 위협하고 있다. 이런 4차산업혁명 시대에 강조되는 것이 바로 '소통'과 '협력'이다. 절대 혼자서는 인공지능과 맞설 수 없기 때문에 많은 사람들이 서로 소통하고 협력해서 함께 새로운 가치를 창출해나가야 한다. 그래서 많은 기업들이 소통과 협력을 중요하게 생각하고 있는 것이다.

대한상공회의소에서는 5년에 한 번씩 100대 기업의 인재상을 조사해 발표하고 있다. 가장 최근에 발표한 조사 결과에 의하면, 국내 매출액 상위 100대 기업 중 63개사가 '소통과 협력'을 인재가 갖춰야 할 역량으로 꼽아 1위를 차지했다. 그다음으로는 '전문성', '원칙과 신뢰', '도전정신'이 차지했다.

한 설문조사에서는 최근 1년간 퇴사자 중 절반에 가까운 49퍼센트가 1년 차 미만의 신입사원이었다. 그렇게 취업하기 어렵다는 이 시기에 왜 그들은 사표를 내야 했을까? 그리고 왜 기업들은 '소통과 협력'을 인재가 갖춰야 할 역량으로 정한 것일까?

소통, 혼자 할 수 있는 게 아니다

국내 한 스타트업 기업에서 재무 파트장을 맡고 있는 김 과장(1981년생)은 새롭게 입사한 재무팀 정 사원(1992년생)의 근태가 영 마음에 들지 않았다. 김 과장은 거의 매일같이 출근 시간인 8시 30분에 딱 맞춰 출근하는 정 사원을 따로 불러서 '8시 30분은 출근을 하는 시간이 아니라 업무를 시작하는 시간이니 최소 10분은 일찍 오는 것이 예의'라고 충고했다. 하지만 이에 돌아온 대답에 김 과장은 어안이 벙벙해졌다.

"빨리 온다고 돈을 더 주는 것도 아닌데 제가 왜 정해진 시간보다 일찍 와야 하나요? 10분 전에 오는 것이 예의면, 퇴근 10분 전에 컴퓨터 끄고 게이트 앞에 대기해도 되나요?"

– 임홍택, 《90년생이 온다》, 웨일북, 2018, 177쪽

이 글을 보자마자 난 인터넷에서 봤던 한 문장이 제일 먼저 생각났다.

"출근 시간은 어기면 욕먹고, 퇴근 시간은 지키면 욕먹는다."

말이 안 되는 문장인데 이상하게 무척 공감이 갔기 때문이다. "요새 이런 회사가 어디 있어?"라고 말하는 사람도 있겠지만 아직 상당히 많다.

다시 위에서 인용한 글로 돌아가보자. 혹시 김 과장이 요새 흔히 말하는 '꼰대'라는 생각이 들지는 않는가? 뭐 그렇다고 정 사원의 행동이 잘했다는 것은 결코 아니다. 직장을 다녀본 사람이라면 누구나 알겠지만 일을 시작하기 전 적어도 10분 정도는 일찍 와서 준비하는 게 좋다. 적어도 그렇게 하는 게 오히려 나에게는 더 편하고 좋았다.

여기서 중요한 것은 서로를 대하는 태도이다. 김 과장과 정 사원 모두 소통할 생각이 없어 보인다. 김 과장은 근태에 불만이 있기 때문에 그 행동을 지적할 생각만 하고, 정 사원은 꼰대 같은 어른과 아예 대화 자체를 하기 싫어한다. 소통은 혼자 노력한다고 되는 것이 아니다. 서로 이해하고 노력하지 않으면 절대 이뤄질 수 없다. 그리

고 함께 일하려면 '소통'은 꼭 필요하다.

선배의 조언, 무조건 아니라고만 생각하지 말자

내가 입사하고 1년 정도 지났을 때의 일이다. 팀장님께서 시킨 일을 끝내기 위해 현장에 한 시간 넘게 있다가 사무실로 올라왔을 때 어떤 차장님과 이런 대화를 나눴다.

차장님: "준식아, 현장에서 이제 올라온 거야?"

나: "네, 팀장님께서 시키신 일이 있어서 그거 다 하고 올라왔어요."

차장님: "음 그래. 준식이 네가 입사한 지 1년이 넘었고, 일도 그렇게 알아서 잘하는 건 좋아. 근데 일하고 있다는 티를 좀 많이 내라."

나: "네? 일하고 있다는 티를 내라고요?"

차장님: "응. 회사 채팅방이나 저기 저 사람들 좀 봐. 다들 굳이 가서 자기가 일하는 이야기를 하는 이유가 다 있거든."

그때 나는 중요한 일이나 업무상 보고해야 하는 것은 꾸준히 잘하고 있었다. 그래서 뭔가 보여주기식 업무를 해야 한다는 그분의 조언이 솔직히 너무 낯설고 불편했다.

더 심한 곳에서는 주어진 업무 시간에 다 할 수 있는 일인데도 일과 시간에는 딴짓하고 놀다가, 퇴근할 때쯤 돼서 부랴부랴 일하기 시작해 자연스럽게 야근을 한다. 그러면 더 열심히 일한다고 생각하는 것 같았다.

확실히 세대 차이가 났다. 나와 나이가 비슷한 세대들은 일찍 퇴근해서 개인시간 갖기를 원한다. 그런 우리와 너무나도 다른 차장님의 조언을 쉽게 수용할 수 없었다. 하지만 나보다 회사를 훨씬 더 오래 다니신 분이고 직장 상사였기 때문에 일단 그분의 말을 믿고 시키는 대로 해보았다. 솔직히 그러고 싶진 않았지만 나를 위해서 해주신 고마운 얘기라고 생각했기 때문이다.

그렇게 어느 정도 시간이 지나자, 팀장님께서는 내게 더 많은 칭찬과 격려를 해주셨다. 게다가 회사 내 나의 인지도가 많이 올라가게 되었다. 그때 하나 배운 것이 있었다. 역시 상사의 경력은 결코 무시할 수 없는 뭔가가 있다는 것을.

"일이 어려운 게 아니라 사람과의 관계가 힘들어요."

수없이 많이 듣고, 정말 많이 느낀 말이다. 여기서 말하는 '사람'이란 대체 어떤 사람일까? 직장동료일 수도 있지만, 아마 80퍼센트 이상이 직장 상사일 것이다.

텃세가 유난히 심한 직장을 제외하면, 후배나 동기 때문에 퇴사하는 경우는 거의 없다. 대부분 직장 상사 때문에 많은 신입 직원들이 퇴사를 선택한다. 직원들은 상사를 '꼰대'라고 생각하고, 반대로 상사는 직원들을 힘든 일 안 하려고 하고 노력도 안 하는 '요즘 애들'로 치부해버린다.

그러나 이렇게 직원들 간에 소통이 안 된다면 기업은 발전하기 어렵다. 그래서 100대 기업들이 뽑은 최고의 인재상이 '소통과 협력'이 가능한 인재가 될 수밖에 없는 것이다.

결코 상대방에게만 문제가 있는 것이 아니다. 서로에게 다가가는 방법을 모르고, 익숙하지 않을 뿐이다. 사회생활을 시작하면서 반드시 겪게 되는 인간관계 문제. 그래서 우리는 조금이라도 빨리 인테크에 투자해야 한다. 그러나 너무 거창하게 생각하지는 말자. 일도 할수록 잘하게 되는 것처럼 인테크도 투자한 만큼 보상이 따른다. 아니, 장담하건데 인테크는 우리가 투자한 것보다 그 이상의 가치를 제공할 것이다.

무엇을 아느냐보다 누구를 아느냐가 더 중요하다

NQ를 높여라

많은 사람들이 다양한 분야에서 성공한다. 그중에서도 자수성가(自手成家)했다는 사람들이 많다. 그러나 자수성가한 사람들도 결코 혼자서 이룬 것은 아니다. 그들에게는 자신을 믿어주고 도와주었던 사람들이 있었다. 즉, 좋은 인간관계가 뒷받침되었기 때문에 성공할 수 있었다.

미국 카네기 멜론 대학에서 성공한 사람들 1만 명을 대상으로 성공의 비결을 물어본 결과, '지적 재능이나 능력'이 15퍼센트였고, '인간관계'가 85퍼센트로 압도적으로 높았다. 이 설문조사는 인간관계를 어떻게 관리하고 얼마나 투자하느냐에 따라 우리의 인생이 크게 변할 수 있고, 무엇을 아느냐보다는 누구를 아느냐가 중요하다는 사실을 시사한다. 그런데 그렇게 중요하다는 인간관계를 가장 힘들어 하고 있는 게 우리의 현실이다.

나우앤서베이에서 직장인 패널 920명(남성 540명, 여성 380명)을 대상으로 '현직에서 성공하는데 가장 큰 걸림돌이 되는 것'에 대해 설문조사를 실시했다. 그 결과, '인간관계(23.59퍼센트)'가 가장 많은 응답을 차지했다. 그만큼 인간관계의 중요성을 빨리 인지하고 미리 준비하는 것은 매우 중요하다.

하지만 타인과의 관계 맺기에 권태를 느끼는 20대를 표현하는 '관태기'라는 단어가 2016년부터 SNS에 자주 등장하고 있고, 점점 혼자에 익숙해지는 젊은 사람들이 늘어나고 있다. '자발적 아웃사이더'라는 단어가 생기는 것만 봐도 현 상황을 알 수 있다. 이렇게 20대가 벌써 인간관계에 피로감을 느끼게 된다면 나중에는 더 감당하기 힘들지도 모른다.

여러 가지 지수 중에 혹시 NQ라고 들어본 적 있는가? IQ(지능지수), EQ(감성지수)는 많이 접해봤을 테지만, NQ는 좀 낯선 단어일지 모르겠다. NQ는 Network Quotient의 약자로 사람들과 더불어 잘 살아갈 수 있는 능력을 측정하는 지수로 '공존지수' 또는 '인맥지수', '행복지수'라고도 한다. NQ가 높을수록 사람들과의 관계가 원만하며 의사소통 능력이 높다.

NQ라는 단어가 나오게 된 것도 서로 연결된 네트워크 사회에서 혼자서는 살아가기 힘들고, 사람들과 함께 공존하고 소통하는 것이 필수이기 때문이다. 누군가를 알게 되었더라도 관계가 지속되지 못하면 말짱 도루묵일 테니까 말이다. 그래서 우리는 자신에게 필요한 다양한 사람들을 알아야 하고, 그들과 꾸준하게 잘 지낼 필요가 있다.

협력이 경쟁력이 되는 시대, 필요한 덕목은?

링크드인(Linkedin)은 리드 호프먼(Reid Hoffman)이 2002년에 착안하여 2003년 5월에 처음으로 공식 출시된 세계 최대의 비즈니스 네트워킹 사이트이다. 6억 5,000만 명의 가입자를 보유한 링크드인은 전 세계 인재들이 서로 인맥을 맺고 인맥의 힘을 활용해서 각자가 원하는 커리어의 꿈을 펼칠 수 있도록 한다. 실제로 이를 통해 대규모 수출과 업무협약 등의 계약이 성사되고 있다.

2016년, 링크드인이 마이크로소프트사에 인수되면서 국내에서도 삼성전자, LG전자, SK텔레콤 같은 주요 대기업들도 계정을 등록하여 활발한 교류를 하고 있다.

링크드인의 가장 큰 특징은 트위터나 페이스북 등의 일반적인 소셜 네트워크와는 다르게 구인·구직 서비스에 SNS 기능을 합쳤다는 것이다. 한마디로 '비즈니스와 구직, 네트워크에 최적화된 SNS'이다.

링크드인에 가입하게 되면 프로필에 적힌 회사를 다니고 있는 사람들을 추천해주고, 그중 아는 사람이나 알고 지내고 싶은 사람에게 1촌 맺기를 신청할 수 있다. 또한 평소에 관심 있었던 기업을 팔로우하여 채용공고 및 정보를 얻을 수 있고, 그 기업을 팔로우한 사람들과 교류하며 시너지 효과를 얻을 수도 있다.

6억 5,000만 명의 개인 회원과 3,000만 개 이상의 회사가 가입되어 있는 링크드인에서는 서로의 필요에 의해서 소통하기 때문에 윈윈할 수 있다.

내가 필요한 것을 얻기 위해서 무작정 정보를 찾고 공부를 하기보다는 그 길을 갔던 사람을 직접 찾고 교류한다면 정말 많은 시간을 아낄 수 있다. 그래서 이렇게 많은 사람과 기업들이 링크드인을 사용하고 있고, 17년이 지난 지금까지도 인기가 있는 것이다.

지금은 다양한 사람들과 인맥을 구축하여 서로 정보를 공유하고, 정서적인 네트워크와 소통하는 사람들이 살아남는 시대이다. 그렇게 인맥을 구축하다 보면 결국 서로에게 큰 도움을 주고받게 된다.

아사히 맥주 전 회장 히구치 고타로는 이렇게 얘기했다.

"젊었을 때는 돈을 빌려서라도 좋은 인맥을 만들어야 한다. 물은 어떤 그릇에 담느냐에 따라 모양이 달라지지만, 사람은 어떤 친구를 사귀느냐에 따라 운명이 결정된다."

좋은 인맥이 우리 인생에 미치는 영향은 엄청나다. 나이가 든다고 해서 좋은 인맥을 못 만드는 것은 아니지만, 특히 젊었을 때 만난 좋은 사람은 내 운명을 바꿀 수도 있다.

내가 좋은 사람이고 괜찮은 인맥이라면 자연스럽게 내 주위에는 사람들이 모일 수밖에 없다. 때로는 우연으로 인연이 생길지도 모른다. 하지만 내가 아직 괜찮은 인맥이라는 것을 모르는 사람들을 위해서 적극적으로 나를 알리고, 나에게 필요한 사람들을 직접 찾아보는 노력을 하자. 협력이 경쟁력이 되는 시대에는 무엇을 아느냐보다는 누구를 아느냐가 훨씬 더 중요하다.

이 세상의 그 누구에게도 배울 점은 있다

내가 꾸준히 활동하는 '우리봉사단'이라는 봉사단체에는 인상 깊은 인사말이 있다. "만나서 감사합니다!" 내가 정말 좋아하는 말이다. 옷깃만 스쳐도 인연이라는 말처럼, 직접 얼굴을 마주 보고 함께 얘기하면서 봉사할 수 있다는 것은 엄청난 인연이라는 의미에서 지은 인사이다.

"평생 동안 기도하는 말이 '감사합니다'뿐이라면 그것만으로 충분하다"라는 독일 신비주의 사상가 마이스터 에크하르트(Meister Eckhart)의 말처럼 "감사합니다"라는 말 한마디가 주는 울림은 엄청나다. 평생 타인으로 지낼 수 있는 사람과 마주하고 함께 웃을 수 있다는 것이 얼마나 행복한 일인가.

나는 지금까지 만났던 수많은 사람들 덕분에 많은 걸 배울 수 있었고, 나를 돌아볼 수 있었다. 그렇게 만나는 모든 사람 덕분에 우리는 조금씩 성장하고 있다.

예상치 못했던 사람에게 큰 깨달음을 얻다

2016년, 봉사단 기획팀장을 하던 시절, 인터뷰 요청이 왔다. 그때 이런 대화를 나눴다.

기자: "팀장님은 봉사활동을 7년 동안 하고 계시다고 들었습니다. 이렇게 꾸준히 할 수 있었던 이유는 뭔가요?"

나: "제가 기획한 봉사를 많은 사람들이 뿌듯해하고, 웃는 모습을 보는 것 자체가 저에겐 행복이었던 것 같아요. 그래서 더 좋은 봉사를 많이 기획해야겠다는 생각을 매번 했어요."

기자: "봉사를 하면서 무엇을 얻으셨던 것 같나요?"

나: "우선 인생의 선배들을 만나 미래에 대한 조언을 들을 수 있었던 것이 좋았습니다. 덕분에 진로를 결정할 때도 좋은 참고가 되었어요. 그리고 나이를 떠나서 여러 사람들에게 너무 많은 걸 배우고 얻을 수 있었어요."

사람이 좋아서 시작한 봉사활동을 나는 고등학생 때부터 13년째 꾸준히 하고 있다. 한때는 봉사단의 공연팀장, 기획팀장 등을 맡으며 봉사활동을 기획했고, 지금은 사회를 보거나 레크리에이션 MC를 하면서 봉사단에 도움을 주고 있다.

우리 봉사단에는 상상할 수 없을 만큼 좋은 사람들이 정말 많았다. 후원을 받지 않았기 때문에 직접 돈을 내고 봉사를 해야 했음에도 불구하고 10대부터 50~60대까지 다양한 연령대의 많은 분들이 봉사하러 오셨다.

나는 요양원, 어린이집, 환경 정화, 공연, 캠페인, 벽화 봉사 등 여러 가지 종류의 봉사활동을 기획하여 보탬이 되려고 힘썼다.

2016년 2월, 공연 봉사 때였다. 봉사자들과 지적 장애가 있는 장애인분들이 공연을 통해 소통하는 봉사를 기획했다. 노래, 댄스, 난타, 태권도, 마술 등 다양한 공연을 봉사자들이 직접 한 달이 넘는 기간 동안 연습하고 준비하여 장애인분들과 함께 즐겼다.

공연이 막바지에 이르러 이벤트로 준비한 단체합창을 부르고 있었는데 갑자기 옆에 있던 열 살 정도 되는 아이가 내 손을 잡으면서 이렇게 말했다.

"웃어! 왜 안 웃어?"

그때 나는 다른 곳을 바라보며 딴생각을 하고 있었다. 나는 얼른 정신을 차리고 대답했다.

"네?"

"지금은 그냥 웃어. 재밌게."

말 한마디 하는 것도 어려운 장애가 있는 열 살 아이가 나에게 웃으면서 얘기했다. 그 말을 듣는 순간, 나는 울컥했다.

그때 나는 아직 취업을 하지 못해서 웃음을 잃고, 하루하루 정신 없이 살고 있었다. 물론 봉사를 준비하는 것이 정말 행복하고 좋았지만 나도 모르게 기분이 처져 있었던 것이다.

갑자기 눈물이 핑 돌았다. 그리고 순간 생각했다.

'맞아. 지금만큼은 잠시 잊고 즐기면 되는데…….'

그날 정말 크게 느꼈다. 그리고 다짐했다.

'절대 웃음은 잃지 말아야지.'

항상 긍정적이고 밝게 사는 내가 웃음을 잃어가고 있었던 것이다.

난 그 아이 덕분에 다시 힘을 냈고, 놀랍게도 그 봉사가 끝난 후 한 달 안에 취업하게 되었다. 어떻게 보면 "웃어!"라는 별거 아닌 한 마디가 그때의 나에겐 그 무엇과도 바꿀 수 없는 동아줄이 되었던 것이다.

인테크는 사람의 배경을 따지지 않는다

"난 요즘 꿈도 없고 사는 게 재미가 하나도 없어. 인생에 대한 회의가 느껴진다고 할까……."

"살다 보면 그럴 때가 있어. 너무 조바심 내지 말았으면 해. 양손에 쥔 거 조금 내려놓고 마음을 잠시 쉬게 하면 좋을 거 같아. 조금 천천히 가도 괜찮아. 힘든 거 다 아니까. 지금까지 열심히 살아왔잖아."

평범해 보이는 이 대화가 흥미로웠던 이유는, 고민을 털어놓는 쪽은 엄마였고, 위로하며 조언을 해주는 쪽은 교복을 입은 어린 딸이었기 때문이다.

– 이주형, 《어른이 되어 보니》, 다연, 2018, 37쪽.

책을 읽으면서 놀라지 않을 수 없었다. 모녀가 다른 어떤 관계보다 가깝고 친구처럼 지낸다고 하지만, 딸에게 자신의 고민을 진지하게 얘기하는 엄마는 거의 없다. 그리고 저렇게 상담해주는 어린 딸도 흔하지 않다.

내가 좋아하는 한자성어에 불치하문(不恥下問)이란 말이 있다. 그 말뜻 그대로 지위, 학식, 나이 등이 자기보다 아랫사람에게 묻는 걸 부끄럽게 여기지 않는다는 것을 실천하고 있는 엄마의 태도가 존경스럽게 느껴졌기 때문이다.

부끄럽지만, 나도 전에는 사람을 대할 때 그 사람이 누구냐에 따라 조금씩 행동에 차이가 있었다. 나보다 나이가 어리니깐, 내가 더 많이 아니깐, 그 사람은 명문대를 나왔으니깐 하면서 단순히 그 사람의 배경만 보고 나의 행동이 달랐었다.

솔직히 모든 이에게 평등하기란 쉽지 않다. 하지만 확실한 것은 나이, 학력, 집안, 직급 등 배경에 상관없이 누구에게나 배울 점이 있다는 것이다.

경험이 많은 과장, 부장이라도 대리에게 배울 점이 있고, 성공한 CEO라도 열심히 아르바이트하는 대학생에게 배울 점이 있으며, 엄마도 딸한테서 배울 점이 있다. 내가 많은 걸 돕고, 주기 위해 봉사를 했지만 오히려 내가 더 많이 배우고 얻었던 것처럼 말이다.

우리는 언제 어디서 어떻게 내 인생의 멘토나 둘도 없는 친구를 만날지 모른다. 인테크를 하고 싶다면 겉으로 보이는 모습에 망설이지 말고, 많은 사람과 일단 얘기했으면 한다.

힘이 되는 정보는 진짜 경험자에게서만 얻을 수 있다

인터넷이란 인터넷 프로토콜 스위트(TCP/IP)를 기반으로 하여 전 세계적으로 연결된 컴퓨터 네트워크를 일컫는 말이다. 즉, 인류 역사상 전례 없는 거대한 정보의 바다이다.

해가 갈수록 실시간으로 다양한 정보를 제공하는 언론 매체와 인터넷을 활용한 통신 기기의 발달로 인해 정보들이 넘쳐나는 정보의 홍수시대가 온 지 오래되었다. 특히 스마트폰의 보급으로 언제 어디서나 인터넷에 접속해 손가락만 움직여도 수많은 정보를 접할 수 있게 되었다.

문제는 그 많은 정보들 중에 가짜 정보가 판을 치고 있다는 것이다. 이를 경계하라는 의미로 미국의 미래학자 하워드 라인골드

(Howard Rheingold)는 저서 《넷 스마트(Net Smart)》에서 "원하는 정보를 찾아내고 진위를 가려내는 방법의 첫 번째 원칙으로 항상 의심하는 태도를 지녀야 한다"고 주장했다.

이처럼 점점 감당할 수 없을 정도로 수많은 정보에 노출되고 있다. 그래서 어떤 게 나에게 유용한 정보이고, 어떤 게 진짜 정보인지 가려내는 것이 정말 어렵다. 아니, 불가능하다고 해도 과언이 아닐지 모른다. 그럼 도대체 우리는 어떻게 하는 것이 좋을까?

취직 준비, 경험자를 통해 황금 같은 시간을 벌다

나는 대학교 4학년 여름방학 때부터 취업 준비를 시작했다. 다들 3학년 때부터 영어 공부, 인적성 검사 등을 미리 시작하는데 난 상당히 많이 늦었다. 3학년 때는 봉사단에서 공연팀장을 하면서 공연 준비와 아르바이트에 집중해야 했고, 4학년 초에는 기계공학과에 맞는 특허를 네 건이나 등록하면서 한 학기를 보냈기 때문이다.

대학교 4학년이라면 누구나 갖고 있다는 토익 성적도 없었기에 여러 개를 동시에 준비할 수밖에 없었다. 영어는 학원을 다니면서 어떻게든 준비할 수 있었다. 그리고 이력서, 기업 공부, 인적성 검사, 면접 등은 열심히 인터넷을 검색하면서 준비하기 시작했다.

처음에는 나름 자신이 있었다. 나는 취업이 잘된다는 기계공학과에 학점도 나쁘지 않았고, 특허출원 및 다양한 대외활동으로 스펙도 그럭저럭 괜찮았으니까 말이다.

그러나 취업준비생이라면 필수적으로 해야 한다는 스터디조차 어떻게 가입하고 신청해야 하는지 몰랐던 나는 일단 자기소개서부터 작성하기 시작했다. 진짜 아무것도 모른 채 일단 쓰기 시작했다.

많은 기업들이 상반기보다는 하반기에 공채 공고를 많이 한다. 일단 기업별 1차 서류전형 접수 마감일을 조사하고 자기소개서를 쓰는데 매진했다. 그렇게 한 달간 1차 서류전형 접수만 했던 난 15~20개 정도 지원했던 모든 기업에 불합격 통보를 받았다. 사실 대부분 불합격 통보조차 오지 않았다.

그때부터 불안해지기 시작했다. 처음에는 일단 조금씩 하다 보면 답이 보일 줄 알았는데 갑자기 아무것도 보이지 않고 막막해졌다. 그래서 나는 대기업에 취직했던 선배에게 연락해서 사정을 얘기하고 도와달라고 부탁했다.

그러더니 선배가 이렇게 얘기했다. "여기 들어오려고 나는 3학년 2학기 때부터 1년간 준비했어. 나도 너처럼 아무것도 몰랐었거든." 당황한 나는 "그럼 저도 그만큼 준비해야 하겠네요"라고 했다. 그러자 선배는 "아니, 넌 내가 도와줄 테니깐 6개월 안에 취업하는 걸 목표로 해서 준비해보자"라고 했다.

그 말을 들으니 얼마나 믿음직스러웠는지 모른다. 지금 내가 가지고 있는 스펙으로 원하는 곳을 준비하는 방법을 인터넷 검색만으로 알아내기에는 한계가 있었던 것이다.

그후 그 과정을 거친 경험자인 선배의 도움을 받기 시작하면서 나는 제대로 방향을 잡기 시작했고, 무엇에 더 집중해서 준비해야 하는지 알 수 있었다.

새롭게 마음을 다잡고 준비한 뒤부터 더 열심히 준비했다. 이력서도 100개 이상 썼고, 기업 공부, 인적성 검사 준비도 했다. 그러면서 나는 대기업, 공기업, 중견기업으로부터 서류 합격 통보를 조금씩 받을 수 있었다. 물론 대기업의 문은 쉽게 열리지 않았지만 그래도 내가 원하는 회사에 4개월 만에 취업할 수 있었다. 그렇게 그 선배 덕분에 황금 같은 시간을 벌 수 있었다.

유용한 정보는 진짜 경험자만 갖고 있다

스트레칭할 때, 운동할 때, 응급 처치할 때 잘못된 지식이나 정보를 가지고 한다면 상당히 위험할 수 있다. 시험공부를 할 때나 식당을 찾을 때도 마찬가지다. 시험 범위를 잘 몰랐던 탓에 시험에 나오지도 않는 걸 열심히 공부하여 시험을 망칠 수 있고, 두 시간이나 걸려 힘들게 찾아간 맛집은 확장공사로 장사를 하지 않을 수도 있다.

당연히 맞을 거란 생각에 행동했지만 그렇지 않은 경우가 정말 많다. 사람들이 선생님, 헬스 트레이너, 보컬 트레이너에게 배우는 이유도 그 분야를 직접 경험하고 실제로 필요한 정확한 지식을 갖고 있기 때문이다.

종이비행기 국가대표이자 ㈜위플레이 대표이신 이정욱 대표님의 강연을 들을 기회가 있었다. 그때 이런 말씀을 하셨다.

"열심히 망할 수 있다. 가끔 나아갈 방향도 모른 채 노를 반대 방향으로 열심히 젓는다."

열심히 죽도록 노력했는데 알고 보니 내가 가려는 방향이 아니었던 것이다. 내가 알고 있던 잘못된 정보 및 지식이나 인터넷의 가짜 정보를 믿고 반대 방향으로 열심히 노를 젓고 있었다.

생각보다 많은 사람들이 잘 모르면서 참 열심히 살고 있다. 누군가에게 물어보는 게 익숙하지 않아서, 아니면 혼자서도 잘할 수 있다고 믿어서인지 우리는 너무 많이 돌아가고 있다.

애도 낳아본 사람이 그 고통을 알고, 군대도 다녀온 사람이 왜 군대 얘기만 나오면 말이 많아지는지 안다. 직접 경험하지 못한 사람은 결코 그 분야를 온전히 이해할 수 없고, 전문가가 될 수 없다. 그래서 원하는 분야의 최고가 되려면 그 분야에서 정상을 찍은 사람에게 그 노하우를 배우는 것이 좋다.

"우리가 쓰는 것 중 가장 값비싼 것은 시간이다"라고 말한 그리스의 철학자이자 과학자였던 테오프라스토스(Theophrastos)의 말처럼 시간은 아무리 부자라도 돈으로도 살 수 없고, 권력으로도 살 수 없다. 이처럼 누구에게나 평등하게 주어진 시간을 어떻게 사용하느냐는 정말 중요하다.

우리는 지금까지 너무 많이 돌아왔다. 그렇게 돌아갈 시간에 우리에게는 해야 할 일들이 너무나도 많다. 어떤 일을 하려고 마음을 먹었다면 그 일을 경험해본 사람을 찾아가자. 그게 사람들이 인테크하는 가장 큰 이유이다.

협력한다면 더 이상 불가능한 일은 없다

협력의 미덕

"자기의 일은 스스로 하자. 우리는 척척척 스스로 어린이!"

정말 오랜만에 보는 노래 가사이지 않은가? 어디서 나온 노래인지 정확히 기억나지는 않더라도 자연스럽게 흥얼거리게 된다. 이 노래는 1992년에 재능교육이란 학습지 광고에서 나왔던 재능교육 대표 CM송 '스스로송'이다.

"자기의 일은 스스로 하자." 아이들뿐만 아니라 어른들도 새겨들어야 하는 말이다. 주위에 보면 손도 안 대고 코를 풀려는 사람들이 꼭 있다. 그들은 본인이 해결해야 할 문제를 당연하다는 듯 부탁을 하곤 한다. 그러면서 하는 말이 "나 원래 이거 잘 못하잖아. 잘하는 네가 좀 도와줘!"이다.

내가 해야 할 일은 나 스스로 해결해야 한다. 하지만 어떻게 해도 문제가 풀리지 않거나 도저히 혼자서 할 수 있는 게 아니라면 그때는 솔직하게 얘기하고 도움을 요청하는 것이 좋다.

한자성어 중에 군경절축(群輕折軸)이란 말이 있다. 아무리 가벼운 것이라도 많이 모이면 수레의 굴대를 구부러뜨릴 수 있다는 뜻으로, 작은 힘도 뭉치면 큰 힘이 됨을 이르는 말이다.

사람이 모였을 때 할 수 있는 가장 이상적인 것이 '협력'이다. 협력은 혼자서는 할 수 없는 많은 것들을 가능하게 하고, 그 누구도 하지 못했던 것을 해내곤 한다.

무에서 유를 창조하라

내가 대학 시절 했던 가장 인상 깊고 기억에 남는 활동이 있다. 그 활동은 스물한 살 때 했던 제8기 대학생 리더십 아카데미 캠프 준비위원단이다.

가온누리 인재양성사업단(현 ㈜가온누리)이 주관하고 부산광역시가 후원한 대학생 리더십 아카데미는 전국의 대학생들이 부산에 모여 3박 4일 동안 진행되는 캠프이다. 대학생에 의한, 대학생을 위한, 대학생들만의 캠프였다.

나는 7기 리더십 아카데미를 참가자로 활동하고, 8기 때는 면접을 본 후 준비위원단으로 뽑히게 되었다. 8기는 총 25명의 준비위원단이 네 개의 분과로 나뉘어 활동했다. 그런데 캠프가 2011년 1월 25일에서 2011년 1월 28일까지 진행되기 때문에 2010년 10월부터 3개월 동안 어떻게든 무에서 유를 창조해야만 했다.

기획부터 홍보, 진행까지 전부 준비위원단이 했다. 15만 원이라는 대학생들에게는 정말 큰 참가비를 내고 오는 만큼 매우 신중하게 준비했고, 각자 준비한 기획안이 만장일치가 되어야만 겨우 후보로 뽑힐 수 있었다.

그때 내가 냈던 기획안 제목은 '면접스타K'였다. 한창 〈슈퍼스타K〉라는 공개 오디션 프로그램이 인기였기 때문에 그 제목을 본떠 만들었다. 정말 세밀하게 기획안을 작성했는데 만장일치가 되지 못해 떨어져서 무척 아쉬웠다.

우리는 최소 1주일에 두 번씩은 오프라인 회의를 했고, 온라인 회의도 필요할 때마다 꾸준히 했다. 300명을 목표로 했기에 매일 홍보 쪽지도 300개씩 돌려야 했고, 오프라인 홍보도 빠지지 않았다. 그리고 MT와 리허설까지 진행하며 정말 많은 시간을 함께 보냈다.

15만 원이라는 큰돈이 들어가는 캠프였기 때문에 어떻게든 흑자를 내야 했다. 또 300명이라는 정말 많은 사람들을 모으고, 그 사람들을 만족시켜야 했기에 큰 부담을 못 견디고 도중에 하차하는 사람도 꽤 되었다.

함께였기에 가능했던 놀라운 성과

모두가 캠프 준비에 한창일 때였다. 어느 날 갑자기 팀장님께서 들어오셔서 이렇게 말씀하셨다.

"이번 레크리에이션 MC는 따로 사람을 구하지 않고 준비위원단 중 한 명이 하려고 합니다. 하고 싶으신 분 있으면 말씀해주시고, 없으면 추천받은 후 다수결로 정하겠습니다."

순간 조용해지더니 누군가 얘기했다.

"준식이를 추천합니다!"

당황스러웠다.

그런데 다른 사람들도 한마디씩 보태기 시작했다.

"나도 ○○이랑 준식이 둘 중 한 명이 하는 게 좋을 것 같아."

"준식이가 나이도 어리고 딱 좋네. 지금 아니면 언제 해보겠어."

아직 100명 앞에 서보지도 않았는데 어떻게 300명 앞에서 MC를 한단 말인가. 그 순간 정말 많은 생각이 내 머릿속을 스쳐갔다. 그렇게 한참 고민을 하고 나서 대답했다.

"제가 한번 해보겠습니다."

그렇게 나는 캠프 준비와 동시에 한 번도 해보지 않았던 레크리에이션 준비를 시작했다.

매일 영상과 글을 보며 공부하고 내 스타일에 맞게 바꾸었다. 그리고 레크리에이션을 해봤던 선배에게 도움도 받으면서 쉬지 않고 연습하고 또 연습했다.

캠프가 다가올수록 준비위원단들은 분과별로 하나가 되어 더욱 열심히 준비했다. 각자 할 일이 많음에도 불구하고 다른 분과가 리허설을 할 때는 참가자가 되어 확실히 피드백도 해주고 응원도 해주었다.

특히 내가 혼자 진행하는 레크리에이션 리허설을 할 때는 정말 모두가 적극적으로 참여하며 내가 힘을 낼 수 있도록 도와주었다. 지금도 9년 전 리허설할 때의 그날이 생생할 정도로 말이다.

3개월을 열심히 준비하고, 드디어 캠프 당일이 되었다. 각 분과에서 열심히 준비한 프로그램을 선보이며 3박 4일의 캠프를 차질 없이 진행했다.

만 원을 이용해 대학생 특유의 재치와 상상력을 토대로 더 큰 가치를 창출해보는 만 원의 가치 프로그램, 각 조마다 특색 있는 여행을 개발하는 1박 2일 여행 루트 개발 프로그램, 개인문제와 사회문제에 대해 생각하고 단편극을 만들어 보는 심리상황극 프로그램, 부산을 돌아다니며 탐색하고 미션을 수행하는 로드맵 프로그램 등. 레크리에이션, 초청 강연, 스피치 콘테스트, 와인 파티, 캠프파이어 등 대학생이 준비했다고 믿기 힘들 정도의 기획, 홍보, 진행까지 모두 성공리에 마무리했다.

결과적으로 350명의 엄청난 인원이 참가했고, 최초로 흑자를 낸 기수가 될 수 있었다. 또한 공중파 뉴스에서도 우리 행사가 소개되는 영광까지 누릴 수 있었다.

그리고 무엇보다 기뻤던 것은 나의 첫 레크리에이션 MC가 정말 성공적이었다는 것이다. 내가 생각했던 것보다 몇 배 이상으로 참가자들이 호응을 잘해주었고, 끝나고 나서도 많은 분들에게 연락이 와서 레크리에이션을 알려달라고 했다.

내 인생의 터닝 포인트였던 스물한 살 레크리에이션은 단번에 무대공포증을 사라지게 해주었다. 그 덕분에 지금까지 나는 꾸준히 MC를 하고 강연까지 할 수 있게 되었다.

여기서 하나 더 놀라운 것은 10년이 지난 지금도 8기 리더십 아카데미 준비위원단은 꾸준히 만나고 있다는 것이다. 스무 살 때 했던 활동이라 서른 살인 내가 여전히 막내인 이 모임은 만날 때마다 닭을 먹는다는 이유로 닭과 리더십을 합쳐 '닭더십'이라고 부른다.

이 활동 이후로도 다양한 협력 프로그램 및 행사를 성공적으로 진행했고, 혼자 하긴 힘든 강연기획단 몽쉘's 창단까지 친구들과 함께 이루어냈다.

혼자라면 절대 할 수 없었던 일들, 혼자였다면 한참을 돌아갔을 그 어려운 길을 누군가와 함께였기에 이룰 수 있었고, 방황하지 않을 수 있었다.

모른다고 물어보는 게 부끄러운 일이 아니고, 혼자 이룬 게 아니라고 대단하지 않은 것이 아니다. 함께하고 협력하자. 거기서 얻을 수 있는 가치는 정말 어마어마하다. 그래서 '우리'라는 단어가 존재하는 것이다.

2장

다른 사람이
나를 찾게 하라

첫 대화, 침묵으로 시작해서 질문으로 이어가라

"시작이 반이다", "첫인상이 중요해"라는 말을 참 많이 들었다. 특히 "시작이 반이다"이란 말은 거의 모든 일에 해당되는데, 인간관계에서도 그 시작은 매우 중요하다.

첫인상에 관한 글과 책, 강의가 많은 것만 봐도 그 중요성은 두말할 필요가 없다. '초두효과'라고 해서 먼저 제시된 정보가 추후 알게 된 정보보다 더 강력한 영향을 미치므로 첫인상이 일단 형성되면 쉽게 바뀌지 않기 때문이다. 그래서 첫인상이 부정적인 경우, 이를 뒤집는데 200배의 정보량이 필요하다고 한다.

첫인상에 영향을 미치는 요소로는 외모, 목소리, 언어 세 가지가 있다. 어느 하나만 특별히 더 중요한 게 아니라 세 가지 모두 중요하다. 사람을 처음 만나면 제일 먼저 보이는 것이 외모이기 때문에 옷차림이나 표정 등은 첫인상에 가장 큰 영향을 준다.

그리고 청각적 요소인 목소리도 많은 영향을 주는데, 내가 이 장에서 얘기하고자 하는 것은 언어, 즉 대화이다. 상대방이 낯을 가리지 않고 먼저 편하게 다가오면 걱정할 필요가 없지만, 그런 사람은 극히 드물다. 그렇다면 아무런 정보도 없이 처음 만난 사람과는 어떻게 얘기해야 좋은 첫인상을 형성할 수 있을까?

침묵도 언어다

A: "안녕하세요. 저는 □□□ 선배의 친한 후배 ○○○이라고 합니다."

B: "네, 안녕하세요. 저는 △△△이라고 해요."

A: "아~ 혹시 나이가 어떻게 되세요?"

B: "스물일곱 살이에요. ○○ 씨는 나이가 어떻게 되세요?"

A: "저는 스물여덟 살이에요. 혹시 집은 어디신가요?"

B: "저 남포동 살아요."

A: "아, 저도 남포동 가봤어요. 주말에는 보통 뭐 하세요?"

인터넷에 떠돌 듯한, 보기만 해도 답답한 대화이다. 상대방에게 여유를 주지 않고 일방적으로 질문만 해대고 있다. 누가 이런 식으로 대화를 할까 싶지만, 의외로 이렇게 대화하는 사람들이 적지 않다. 사실 이 대화는 실제로 친한 후배가 어떤 여성분과 SNS로 나눈 대화 내용이다.

평소에 좋아하던 후배 둘이 있었는데 서로 짝이 없는 것을 알고 내가 직접 소개팅을 주선해주었다. 그렇게 서로 만날 수 있도록 다리를 놓아주면 그 이후부터는 잘되든 안되든 둘의 문제이다. 그런데 어느 날 후배가 갑자기 찾아와서 하소연했다.

“선배, 아직 만나지 않고 SNS로 연락한 것밖에 없는데 웬일인지 최근에는 연락이 잘 안 와요.”

그러면서 SNS로 나눈 대화 내용을 보여주었던 것이다. 나는 그 것을 보자마자 이렇게 말했다. “아니, 너 나랑 대화할 때는 이렇게 안 하잖아?” 그러자 후배는 “크게 다른 거 같지 않은데, 뭐가 문제예요?”라고 되물었다. 나는 너무 답답해서 “너무 쏘아붙이듯이 그렇게 질문만 해대면 상대방은 취조받는 기분이 들 수도 있어. 대화 사이사이에 여유를 주면서 네 얘기도 해야지”라고 조언했다.

사람들이 처음 보는 사람과 대화하면서 가장 두려워하는 것이 있다. 아니, 처음 보는 사람이 아닐지라도 타인과 대화할 때 제일 두려워하는 것이다. 무엇일까? 그것은 바로 ‘침묵’이다.

사람이 적을 때도, 많을 때도 침묵이 흐르면 사람들은 괜히 어색해하고, 무슨 말이라도 해야 할 것 같은 기분이 든다. 그래서 누군가 한마디라도 해주길 바라고, 대화를 하고 있으면서도 다음에는 어떤 말을 해야 할지 고민하기 때문에 겉으로는 차분하지만, 머릿속은 매우 복잡하다.

대화로 좋은 첫인상을 형성하기 위해 가장 먼저 해야 할 것은 침묵에 익숙해지는 것이다. 침묵을 두려워하면 상대방이 말하고 있어도 다음에 어떤 질문을 해야 할지, 어떤 얘기를 꺼내야 할지 생각해야 하기 때문에 상대방의 말에 제대로 집중할 수가 없다.

어느 정도 대화를 주고받다가 물을 마신다거나 자세를 바꾸면서 자연스럽게 침묵해보자. 침묵하면서 자연스럽게 다른 주제를 찾거나 내 얘기를 하며 대화를 이어나가면 된다.

샘 레이번(Sam Rayburn)이 "침묵하는 사람보다 언어에 능숙한 사람은 없다"라고 얘기한 것처럼 대화 사이사이에 오는 침묵은 오히려 서로를 편안하게 만들고, 대화를 능숙하게 만든다. 침묵은 언어, 그 자체이다.

"그거 어떻게 해요?"라고 상대방에게 물어보라

나는 우리나라 최초의 공설 해수욕장인 부산 송도 해수욕장 근처에 살고 있다. 그래서 출판사에서 미팅이 있을 경우, 매번 당일치기로 서울을 다녀온다.

그러다 하루는 친척들 얼굴도 볼 겸 서울에 있는 친척 집에서 자기로 했다. 집에 도착하니 열 살, 열네 살의 여자 조카 은우와 은제가 나를 반겨주었다. 못 보는 1년 새 눈에 띌 정도로 성장해 있었다. 그러나 열 살인 은우는 여전히 낯을 많이 가려서 제대로 말 한마디 하지 못하고 계속 나를 피했다.

그래서 나는 은우가 학교에서 만들어온 물건들을 보면서 물었다. "우와? 은우야 이거 뭐야?" 그러자 은우는 "그거 누르면 불 들어와요"라고 대답했다. "응? 어떻게 하면 되는데?"라고 묻자, 소파에 앉아 있던 은우가 내 옆으로 와서 직접 불을 켜주며 얘기한다. "이거 한 번 누르면 켜지고, 한 번 더 누르면 꺼져요. 안에 불 들어오는 볼펜이 있는 거예요." "그럼 이건 어떻게 하는 거야?"라고 다시 물어보니, 은우는 "그건 여기 선물상자 세 개 맞추면 열려요. 삼촌 저기에 더 큰 거 있어요. 따라 와보세요"라고 했다.

처음에는 말 한마디 안 하던 은우도 자기가 만든 것들을 보며 관심 있게 질문을 하니 나중에는 오히려 더 많은 것을 보여주며 계속 설명하고 알려주었다.

아무런 정보도 없이 처음 만나는 사람과 대화를 통해 좋은 첫인상을 형성하기 위한 두 번째 방법은 내가 낯가리는 조카에게 한 것처럼 상대방이 관심 있거나 잘하는 것을 물어보는 것이다. 누군가 나에게 좋아하는 게임이나 영화, 음식을 물어보거나, 평소 즐기던 취미 생활에 관해 물었다고 생각해보라. 그럼 우리는 고민하지 않고 너무 자연스럽게 대답할 것이다.

그러면서 또 하나 정말 중요한 건, 관심 있거나 잘하는 것이 뭔지 물어본 뒤에 그것을 '어떻게 하는지'도 물어보는 것이다.

예를 들어 취미로 스쿼시를 하는 분이 있다면, "스쿼시하시는군요, 재밌어요?"라고 묻는 게 아니라, "어, 제 주위에도 스쿼시하는 친구 있어요. 근데 그거 점수는 어떻게 내는 거예요?"라고 하면서 스쿼시에 관해 물어보는 것이다.

그리고 창업을 준비하는 분이 있다면, "창업이 쉽지 않을 텐데, 대단하시네요"라고 말하는 것이 아니라, "저는 창업 엄두도 안 나요. 창업 아이템은 어떻게 생각해내신 거예요?"라고 물으며 본격적인 창업 얘기로 들어가야 한다는 것이다. 자신이 즐겨 하는 것보다 재밌는 대화 소재는 없다.

우리는 살면서 항상 낯선 사람들과 만나고 대화한다. 그때 내가 먼저 다가가 쉽게 말을 걸고 친화력이 좋은 사람이면 좋겠지만 그렇게 되기는 쉽지 않다.

하지만 너무 두려워하지 않았으면 좋겠다. 굳이 말을 잘하려고 노력하지 말자. 절대 말을 잘하는 게 대화를 잘하는 것이 아니다. 그저 상대방이 무엇을 잘하는지, 무엇에 관심 있는지를 찾고, 그것에 대해 질문만 잘한다면 좋은 첫인상을 형성할 뿐만 아니라, 어떤 낯선 사람과도 대화할 수 있는 프로소통러가 될 수 있다.

내 주위에 사람이 없는 이유 다섯 가지

주변을 둘러보면 주위에 사람이 많은 사람이 있고, 없는 사람이 있다. 벌이 모여들지 않는 꽃에 이유가 있듯이, 사람이 꼬이지 않을 땐 다 그럴만한 이유가 있다. 사람에 아예 관심이 없거나 혼자 있는 것을 좋아해서 친한 친구 몇 명만 두는 경우도 있긴 하다. 하지만 꾸준히 모임에 나가거나 사람을 많이 만나고, 먼저 다가가서 말을 거는데도 유난히 자기 주위에 사람이 없다면 그 이유를 찾아낼 필요가 있다.

인테크를 잘하기 위한 방법과 스킬을 익히기 전에 먼저 해야 할 것은 인테크가 왜 자신에게 어려웠는지를 아는 것이다. 이번 장에서 소개하는 '내 주위에 사람이 없는 이유 다섯 가지'를 이해하고 기억한다면 적어도 인테크의 반은 성공했다고 봐도 좋다. 그럼 내 주위에 사람이 없는 이유부터 자세히 살펴보자.

소통을 위해 노력하지 않는다

나에게는 달력을 약속들로 채워야 하는 독특한 습관이 있다. 한 달 31일 중 최소 25일은 항상 약속이 있고, 많을 때는 한 달 내내 약속이 있을 때도 있었다. 때로는 하루에 세 건의 약속도 소화하면서 사람을 만나곤 했다.

주위 사람들이 가끔씩 "그 정도면 병 아니냐?"라고 얘기하곤 했지만, 나의 습관은 잘 바뀌지 않았다. 이러다가 언젠가는 시들해질 거라고 생각했는데 아직까진 지치지 않았다. 그렇게 나는 많은 사람들과 만나고 소통하기 위해 많은 시간을 투자하고 꾸준히 노력했다.

그렇다. 인테크를 하기 위한 가장 기본은 바로 '노력'이다. 세상에 노력하지 않고 얻을 수 있는 것은 없다. 인간관계는 특히 더 많은 노력이 필요하다. 그 이유는 인간관계가 일방통행이 아닌 상호적인 관계이기에 서로 노력해야 하기 때문이다.

'내가 먼저 다가가기 싫다', '감정과 시간을 투자했는데도 좋은 관계를 형성할 수 있을 거란 보장이 없어서 싫다', '내가 무슨 말이나 행동을 했을 때 상대방이 부담스러워 할 것 같아서 싫다'……. 이런 생각들이 인간관계에 많은 걸림돌이 된다. 만일 내 나름대로 노력했음에도 불구하고 관계가 형성되지 않는다면 그 사람은 나와 인연이 아닌 것이다. 그럴 때는 과감히 포기하면 된다.

하지만 그런 경우는 많지 않다. 내가 먼저 다가가려고 노력한다면 대개는 상대방도 그걸 알고 마음의 문을 활짝 열어준다. 꼭 기억하자. 소통하려는 노력이 없으면 인테크의 시작도 없다.

절대 먼저 연락하지 않는다

친구들 중에 먼저 연락하지 않는 친구 한 명쯤은 꼭 있다. 그런 친구에게 연락 좀 하라고 하면 이렇게 말한다. "에이, 뭐 우리 사이에 연락할 필요가 있어?"라고 말이다. 우리 사이는 도대체 무슨 사이이기에 연락을 안 해도 되는 걸까? 연락을 하지 않아도 되는 사이는 과연 어떤 사이일까?

모임 중에 동창회가 있다. 그 친구들은 고등학교, 대학교를 함께 나온 동창인데, 내가 한창 정신없을 때 연락을 잘 하지 못했고, 다같이 SNS로 얘기를 할 때도 나는 같이 대화에 참여하지 않았다.

그러던 어느 날, 그 동창 중 한 명에게서 전화가 왔다. 술을 약간 마신 듯한 목소리로 "준식아, 요즘 많이 바쁘지?"라고 말을 꺼냈다. 내가 "그럭저럭 괜찮아. 술 한 잔 했나 보네. 나도 부르지"라고 하자, 그는 "네가 연락도 없고, 맨날 모임에 잘 못 오니깐 당연히 안 되는 줄 알았지. 준식아, 가끔 연락도 좀 하고 그래라, 인마"라고 했다.

평소 섭섭하다는 얘기 한 번 안 하는 친구에게 그 말을 듣는데 정말 미안했다. '아, 내가 가깝다고 생각해서 너무 당연하게 생각하고 있었구나!' 연락하지 않아도 늘 친하다고 생각했던 친구가 이렇게 얘기하는 걸 들으니, 망치로 머리를 세게 한 대 얻어맞은 기분이었다.

연락이 없으면 딱히 어울리고 싶지 않다고 생각하게 된다. 이렇게 어울리고 싶지 않다는 생각이 들면 별로 관심이 없는 줄 알면서 원래 걘 그런 사람이라고 생각하게 된다. 연락은 꼭 이유가 있어야만 하는 게 아니다. 연락은 관계를 위한 서로 간의 배려이다.

비난을 많이 한다

인간관계에 있어서 내가 정말 중요하게 생각하는 나만의 철학 같은 게 있다. 그것은 당사자가 없을 때 절대 그 사람을 비난하지 않는다는 것이다. 할 얘기가 있다면 당당하게 앞에서 하라는 것이다.

비난하는 사람은 한두 번 하지 않는다. 비난하는 게 습관이기 때문에 꼭 어딜 가도 또다른 비난을 한다. 물론 자기 생각을 솔직하게 말하는 것은 결코 잘못된 행동이 아니다. 문제는 그 불만을 혼자 토로하는 게 아니라, 꼭 사람들 앞에서 한다는 것이다. 그러면서 꾸준히 그 사람이 잘못했다고 주위 사람들을 세뇌시킨다. 칭찬하기에도 부족할 시간에 남을 헐뜯는데 그 많은 시간을 허비한다.

"남이 하는 일을 애써 깎아내리는 사람은 자신도 악평을 불러 모은다"라는 스페인의 작가 발타자르 그라시안(Baltasar Gracián)의 말처럼, 남을 비난하는 사람은 결국 그 비난이 자신에게 그대로 되돌아오는 부메랑 효과를 입을 수밖에 없다.

내 앞에서 남을 욕하는 사람은 언제 어디서든 내 욕을 할지 모른다. 따라서 비난하는 사람을 가까이하지 말아야 한다. 비난하는 자와 가까이하면 점점 많은 사람들이 당신 곁을 떠나갈 것이고, 결국 혼자 남게 될 것이다.

매사에 부정적이다

일을 시작하기 전에는 대개 계획을 세운다. 그런데 어떤 사람은 '다 잘 될 거야'라고 생각하면서 차분하게 준비하고, 어떤 사람은 늘 부정적으로 최악의 경우를 예상하여 하나하나 따지면서 준비를 한다. 혹시나 안 될 수도 있다는 생각에 꼼꼼히 준비한다는 측면에서 보면, 부정적인 생각이 결코 나쁜 것만은 아니다.

하지만 항상 부정적인 얘기만 한다면 잘될 것도 안 될 수 있다. 뭐만 하면 불평하고, 시작도 하기 전에 힘들 거라고 하고, 해도 안 된다고 얘기한다. 그뿐만 아니라 실수를 하면 책임지지 않고 변명하기에 바쁘다. 물론 그런 사람은 칭찬에는 상당히 인색하다.

검은 먹을 가까이하면 검어진다는 근묵자흑(近墨者黑)이란 한자성어에서 알 수 있듯이, 주위 사람이나 환경에 따라 변할 수 있다. 항상 긍정적일 순 없지만, 매사에 부정적인 사람을 곁에 둔다면 나도 점점 부정적이게 될 수밖에 없다. 실제로 하는 건 아무것도 없으면서 남 탓, 환경 탓, 세상 탓 등 탓만 하는 사람들을 멀리하는 것이 인테크에 더 효과적이다.

자기 할 말만 한다

대학 시절 어느 한 대외활동 회식 때의 일이다. 3개월간 함께했던 활동이 마무리되고 여덟 명이 모여 재밌게 얘기도 하고, 맛있는 음식도 먹었다. 친구 한 명이 활동하면서 기억에 남는 얘기를 길지만 나름 정리해서 얘기했다. 딱히 재밌는 얘기는 아니었지만, 그때를 떠올리며 웃음을 짓곤 했다.

그런데 그 얘기를 끝낸 뒤부터가 화근이었다. 자기 얘기를 다한 그 친구는 핸드폰만 쳐다보면서 딴짓을 했다. 처음에는 '잠시 핸드폰을 보는구나'라고 생각했는데 거의 30분 넘게 쳐다보고 있었다. 그래서 참다못해 내가 한마디 했다.

"○○아, 네 얘기 다 끝났다고 다른 사람 얘기에 너무 관심 없는 거 아니야?"

그 말에 대한 그의 첫마디가 더 가관이었다.

"아니, 내가 잘 모르는 얘기니깐 딱히 재미가 없어서 그랬지."

그 순간 5초간의 침묵이 흘렀고, 분위기가 어색해졌다. 당황스러웠다. 하지만 계속 그런 분위기면 안 될 것 같아 나는 얼른 수습하면서 그래도 다 같이 얘기할 땐 좀 집중을 해달라며 빠르게 마무리했다.

대화할 때 내 얘기를 하는 것은 상당히 중요하다. 너무 질문만 하거나 너무 듣기만 해도 결국 누군가는 지루함을 느낄 수 있다. 하지만 자기 할 말만 해버리고 남의 얘기를 듣지 않는다는 건 상대를 전혀 배려하지 않는 태도이다.

본인의 얘기를 할 때는 재밌게 하다가, 자신이 잘 모르거나 관심 없는 얘기를 할 때는 전혀 듣지 않는 사람들은 대개 자신이 뭘 잘못했는지 모른다. 내 얘기를 듣는 것은 당연하고, 내가 모르는 얘기를 하면 당연히 모르니깐 듣지 않는다고 당당하게 얘기한다. 그런 이기적인 행동이 반복되면 정말 친한 친구라도 결국에는 지쳐서 떠나버리게 될 텐데 말이다.

"인간은 입이 하나, 귀가 두 개 있다"라고 《탈무드》에서도 충고했다. 적어도 한 번 얘기했다면 상대방에게 적어도 두 번의 귀를 기울이자. 경청이 인테크의 모든 문을 열 수 있는 열쇠임은 분명하다.

내가 먼저 필요한 인맥이 되어주자

나는 몇 명의 사람을 알고 있을까? 과연 나의 인맥은 어느 정도일까? 학창시절에는 전혀 관심도 없다가, 스무 살이 되고 사회생활을 시작하면서 어느덧 인맥이란 단어를 사용하기 시작한다. 그리고 1~2년만 지나도 내 주위에 인맥이 넓은 사람과 그렇지 않은 사람은 대충 구분이 된다. 그 인맥의 넓고 좁음은 보통 그가 내향성인지 외향성인지에 따라 판가름 난다.

물론 인맥이 무조건 넓을 필요는 없다. 인테크에 투자하라고 해서 마냥 인맥을 넓게 만들라는 말은 아니다. 인맥이 넓으면 그만큼 좋은 사람을 많이 알게 될 확률이 높아지긴 하지만 우리는 우리가 원하는 사람에게 다가가기만 하면 된다.

나에게 필요한 인맥을 늘리기 위한 가장 좋은 방법은 내가 먼저 상대방에게 필요한 인맥이 되는 것이다.

"저는 잘하는 게 없어서 사람들이 저를 필요로 하지 않아요."

꼭 이렇게 얘기하는 친구들이 있다. 그렇다면 생각을 바꿔 상대방이 필요로 하는 사람을 연결해주면 된다. 우리 주변에는 서로에게 도움 되는 사람들이 정말 많다. 다만, 굳이 찾아보지 않았을 뿐이다.

내가 잘하는 걸 많은 사람들에게 알리자

내가 아무리 잘하는 게 없어도 누군가 갖지 못한 것 하나쯤은 소유하고 있다. 노래를 잘하거나, 영어를 잘하거나, 취업 준비를 오래한 뒤 취업을 했거나, 게임을 잘하거나.

내가 못하는 것을 스트레스 받아가며 잘하려고 하기보다 잘하는 것을 더 잘하려고 노력하는 게 낫다. 꾸준히 경험하고 연습하면서 많은 사람들에게 내가 무엇을 잘하고 있는지 SNS를 통해 알리도록 하자. 그러다 보면 평소 연락하지 않던 친구들도 내가 무엇을 하는지 알고 필요한 일이 있으면 연락을 취하게 된다.

평소 나는 사회를 보거나 강연을 하는 사진을 SNS에 많이 올린다. 그래서 봉사단에서도 레크리에이션 MC나 사회자가 필요할 때는 언제든지 나를 부른다. 결혼식 사회나 학교 동아리 진행 문의도 자주 들어오는데 그럴 때마다 나는 흔쾌히 부탁을 들어준다.

상담도 마찬가지다. 내가 사람들 얘기를 잘 들어주고 공감해준다고 생각하는지 꾸준히 나를 찾아온다. 가끔은 새벽 1~2시에도 연락이 와서 상담을 해주곤 한다. 얼마나 힘들었으면 그 시간에 나에게 전화를 했을까. 진심으로 들어주고 힘이 되어주려고 한다. 내가 할 수 있는 최선을 다해서.

"내가 나만을 위해 일했을 때는 나를 위해 열심히 일한 사람은 나 혼자뿐이었지만, 내가 생각을 바꿔 모두를 위해 일하게 되었을 때는 모든 사람이 나를 위해 열심히 일해주었다."

미국의 초대 정치인 벤저민 프랭클린(Benjamin Franklin)이 했던 말이다. 다른 사람을 위한 나의 노력은 결코 배신하지 않고 돌아온다는 의미이다.

내가 가진 장점을 최대한 많은 사람들에게 알리고 그 장점으로 누군가를 도울 수 있다면 망설이지 않고 돕자. 그래서 내가 그들에게 필요한 인맥이라는 것을 각인시켜주자.

필요한 인맥이 되는 최고의 방법, '다리 놓아주기'

며칠 전 재밌는 일이 있었다. 갑자기 아는 후배가 정말 오랜만에 SNS로 메시지를 보내왔다.

"선배, 안녕하세요. 저 기억나세요? 다름이 아니라 혹시 ○○○이라는 사람 아세요? 제 친구가 지갑을 주웠는데 SNS로 검색해보니깐 선배랑 아는 사이로 뜨더라고요. 혹시 지갑 잃어버렸는지 물어봐주실 수 있어요?"

연락을 받자마자 지갑 주인에게 전화를 했고, 지갑을 주운 분에게 전화번호를 알려주어 지갑을 찾을 수 있게 해주었다.

지갑을 버스에서 잃어버렸기 때문에 다시 찾는 건 거의 불가능에 가까웠다. 그런데 정말 신기하게도 지갑을 주운 사람의 친구와 지갑 주인 모두 내 지인이었다. 이런 일이 일어나는 건 극히 드물지만, 나는 뜻하지 않게 지갑을 찾을 수 있는 다리를 놓아주게 된 셈이었다.

이것 말고 또다른 예도 있다. 취업을 준비하던 한 친구가 있었다. 토익 성적은 있지만, 영어회화 성적도 필요해서 알아보는 중이라고 했다.

난 토익 스피킹을 하지 않고 영어회화로 OPIc 성적을 가지고 있었다. 단기간에 'IH'라는 높은 성적을 냈었기에 친구가 찾아온 것이었다. 그래서 나는 OPIc을 추천했고, 내가 OPIc을 준비할 때 다녔던 학원 선생님에게 한 번 배워보라고 얘기했다. 시험을 친 이후로 선생님을 도와드리기도 했고, 꾸준히 연락을 했기 때문에 친구를 소개해줄 수 있었다.

그렇게 친구는 한 달 동안 그 학원을 다니며 공부했다. 학원 수업이 자기하고 잘 맞아서 진도가 잘 나갔고, 선생님이 유쾌해서 재밌다고도 했다. 그리고 나는 가끔 만나서 내가 공부했던 자료도 주었고, 시험 치기 전에는 질문도 해주며 열심히 도와주었다.

결국, 친구는 내 예상대로 자신이 원하는 성적을 얻을 수 있었다. 그리고 자신이 원하는 회사에 취업까지 할 수 있었다. 내가 크게 도와준 건 없지만 직접 수업을 들어봤던 선생님을 소개해준 것만으로도 선생님과 친구 모두에게 도움을 줄 수 있었다.

인테크에 성공하고 싶다면 내가 먼저 필요한 인맥이 되는 것이 상당히 중요하다. 상대방이 아무런 대가 없이 나를 도와주면 좋겠지만 솔직히 그런 사람은 많지 않다. 그래서 일단 내가 먼저 대가 없이 도와주어 필요한 사람이 되어야 한다.

앞서 얘기했듯이 자신이 잘하는 게 없다고 해서 절대 실망할 필요는 없다. 우리 모두는 서로 다양한 주제와 일로 알게 모르게 연결되어 있다. 우리는 그저 그 연결고리를 찾아서 다리만 놓아주면 된다.

지금까지 서로가 연결되어 있든 말든 관심이 없었겠지만, 이젠 아니다. 우리가 지금부터 해야 할 가장 중요한 일은 내 주변의 사람들이 어떻게 연결되어 있는지 살펴보고, 그 사이에 다리를 놓아주는 것이다. 그것이 내가 먼저 필요한 인맥이 될 수 있는 최고의 방법이다.

가성비 '갑'인 SNS를 인테크 투자에 활용하라

디지털 시대의 소통법

최근에 각종 대외활동 운영진들이 모이는 대학생 모임에 참가하면서 당황스러운 일을 겪었다. 30~40명의 학생들이 모여 단체 소개를 하고 테이블마다 얘기를 나눴다. 그러더니 갑자기 우리 테이블에 있는 10명 전부 핸드폰을 돌리기 시작했다. SNS 계정을 입력해서 서로 팔로우하기 위해서였다.

솔직히 여기 있던 대학생들과 크게 나이 차이가 나는 것도 아니었지만, 나에게는 너무 충격적인 장면이 아닐 수 없었다. 요즘 유행하는 기성세대가 자주 쓰는 '나 때는 말이야'를 풍자하는 '라떼는 말이야'라는 말이 떠오르면서 세대차이(?)를 느꼈다. 내가 대학생 때만 해도 첫 만남에서 개인정보를 잘 물어보지 않았던 것이다. 조금 친해진 사람과는 개인적으로 전화번호를 주고받는 것이 다였다.

미국 시장조사기관 퓨리서치(Pew Research)가 세계 27개 국가를 대상으로 조사한 결과, 스마트폰 사용자들의 비율이 가장 높은 국가로 우리나라가 뽑혔다. 100퍼센트의 휴대전화 보급률에서 95퍼센트가 스마트폰을 이용하고 있었다. 그리고 초고속 통신망과 모바일 네트워크의 속도도 세계 최고 수준을 유지하고 있어 페이스북과 인스타그램 등 소셜 미디어를 사용하기에는 최적의 환경을 자랑하고 있다고 한다.

우리나라의 총인구 약 5,200만 중 3,200만 명에 이르는 많은 사람들이 SNS를 사용하고 있고, 그만큼 SNS를 활용한 광고, 네트워킹 등이 매우 활발하다. 그중 가장 유용한 것이 바로 해시태그(게시물의 분류와 검색을 용이하도록 만든 일종의 메타데이터)이다. 자신이 원하는 단어나 문구를 해시태그 기호 # 뒤에 붙여 쓰면 자신의 지인이나 친구가 아니더라도 그 단어나 문구를 검색한 사람들이 나의 게시물을 볼 수 있다.

나와 전혀 관련이 없는 사람들과도 게시물의 '좋아요'와 댓글을 통해 서로 얘기하면서 소통하고, 정보 또한 공유할 수 있다. 나 또한 SNS를 통해 알게 된 분 때문에 책을 쓰기 시작했고 출간까지 할 수 있었다. 내가 어떻게 책을 쓰게 되었는지 그 일화를 소개한다.

SNS를 통해 알게 된 소중한 인연

강연기획단 몽쉘's를 창단하면서 대학 졸업 이후 오랜만에 SNS를 다시 시작하게 되었다. 나의 일상과 여행, 강연에 관련된 사진과 글을 주기적으로 올리기도 하고, 지인들의 소식을 보면서 안부를 확인했다.

2019년 10월, 강연이 끝나고 나는 사진과 함께 다음과 같은 글을 게시했다.

> 이번 강연에도 많은 분들이 찾아주셨고 정말 성공적으로 마무리되었다. 강연기획단 몽쉘's에서 새롭게 준비한 프로그램이고 우리 운영진들이 직접 강연을 했기 때문에 솔직히 떨리기도 했는데 다들 너무 잘해주어서 너무 고맙다.
>
> 강연이 끝난 뒤에도 강연을 보러 와주신 관객분들에게 개인적으로 연락이 왔다.
>
> "이렇게 좋은 기획을 해주셔서 정말 감사합니다."
>
> "사람들과 함께 생각을 나누고 소통할 수 있어서 너무 좋았어요."
>
> "강연하신 분들의 진심을 느낄 수 있었어요. 이런 자리를 만들어주셔서 감사합니다."
>
> 창단한 지 1년 8개월이 넘어가는 지금, 정말 이 단체를 잘 만들었다는 생각이 든다.
>
> 정말 사소한 내 얘기가, 별거 아닌 내 말 한마디가 누군가에게는 정말 큰 힘이 될 수 있다는 것. 그래서 난 다시 상기한다.
>
> "나는 나로 인해 세상이 조금이나마 변할 것을 믿는다."

매번 강연이 끝난 뒤 내 생각을 정리하며 글을 올린다. 그런데 나의 게시물에 어떤 분이 이렇게 댓글을 남겼다.

"마인드가 너무 멋지세요."

모르시는 분이 댓글을 남기셔서 나도 그분의 SNS에 들어가 보았다. 알고 보니 나처럼 강연하시는 분이었고, 《손 병장은 어떻게 군대에서 2000만 원을 벌었을까?》를 집필한 손유섭 저자였다.

20대 초반의 어린 나이에 군대에서 책도 내고, 여기저기 강연도 하며 선한 영향력을 주는 너무 멋진 삶을 살고 있었다. 뭔가 나와 가치관이 비슷해 보이고, 배울 점이 많을 것 같아 SNS를 통해 직접 만나 뵙고 싶다는 연락을 했는다. 감사하게도 저자님은 연락한 지 하루 만에 시간을 내주셨다.

우리는 만나서 두 시간이 넘게 내가 왜 강연기획단을 창단하게 되었는지, 저자님은 왜 책을 쓰게 되었고 어떻게 출간까지 할 수 있었는지 등등 정말 많은 얘기를 나눴다. 그리고 마지막에 출판사 대표님을 소개해주면서 책쓰기 특강을 추천했다. 본인도 휴가를 나와서 책쓰기 특강을 들으러 갔고, 그렇게 책쓰기를 시작했다고 했다.

평소 글쓰기에 관심이 많아 글쓰기 모임도 하던 나는 더 많은 사람들에게 나의 글로 도움을 주고 싶었다. 그래서 잠시의 망설임도 없이 특강을 신청했고, 조영석 소장님과 얘기하며 책쓰기를 결정하게 되었다.

SNS, 10년이란 시간을 잇다

2010년 여름, 당시 대학교 1학년이었던 나는 취업지원실에서 일하는 아는 분의 추천으로 취업캠프를 가게 되었다. 200명 정도의 학생들이 캠프에 참가했고, 그중에서 1학년은 10명도 채 되지 않았다.

당연히 막내였던 나는 8명으로 구성된 조의 선배들과 정말 친해졌고, 취업캠프가 끝난 뒤에도 모임을 계속했다. 하지만 그것도 잠시, 시간이 지나고 각자의 삶으로 돌아가면서 자연스럽게 연락을 하지 않게 되었다.

그리고 거의 10년의 세월이 흘렀다. 그런데 얼마 전 취업캠프 때 같은 조였던 선배에게서 연락이 왔다. SNS를 통해서 내가 어떤 일을 하고 있는지 꾸준히 봤는데, 추천하고 싶은 활동이 있다고 연락을 주셨다. 부산시에서 주최하는 글로벌 창업 행사를 돕는 일이었다. 창업을 준비하던 나는 연락받음과 동시에 지원서를 냈고, 행사를 함께 진행하게 되었다.

두 달 동안 준비하면서 창업 관련 기관분들을 만날 수 있었고, 어떤 스타트업이 있는지, 행사는 어떻게 진행되는지 등 많은 것을 배우고 느낄 수 있었다. 나에게는 정말 큰 도움이 되는 경험이었다. 10년 가까이 연락을 하지 않던 선배가 SNS를 통해 나의 소식을 접할 수 있었고, 나에게는 너무 좋은 기회가 찾아오게 된 것이다.

물론 SNS가 주는 부작용도 적지는 않다. 다양한 SNS의 보급으로 많은 사람들이 그 속에서 빠져나오지 못하고 있다. SNS 중독으로 인해 남들에게 보여주기 위한 내 모습을 꾸미기에 바쁘고, 나의 진짜 모습이 점점 사라지고 있다.

공부든, 먹는 것이든, 게임이든 과하면 해가 되기 마련이다. 그래서 SNS도 중독이 되지 않도록 스스로 잘 조절해야 한다.

암튼 나의 일상을 공유하기 위해 시작한 SNS 활동으로 인해 나는 정말 소중한 인연을 얻을 수 있었고, 무엇과도 바꿀 수 없는 경험을 할 수 있었다. 일상에서 내가 아무리 노력하여 찾으려고 해도 찾을 수 없는 사람들을 SNS가 나를 직접 찾아오도록 도와주었다.

그래서 요즘 같은 디지털 시대에서 SNS를 잘 활용하는 것이 가장 가성비 좋은 인테크 투자방법이다.

그러나 이것만은 명심하자. 절대 SNS가 오프라인 만남을 대신할 수는 없다. 그리고 과유불급이란 말처럼, SNS는 적당하면 내 인생을 더 멋지고 빠르게 완성시켜주는 가속페달이 될 수 있지만, 과하면 브레이크가 된다.

상대에게 먼저 만나자고 약속을 선수 쳐라!

여유 없는 삶 때문에 '사람'을 놓치고 있다

우리는 바쁘다. 바빠도 너무 바쁘다. 새벽에 알람이 세 번 넘게 울릴 때까지 일어나지 않다가 순간 눈을 떴을 때 일어나야 할 시간이 훨씬 지났다는 걸 알아차린다. 그때부터 부랴부랴 씻고 준비해서 등교하거나 출근하면서 일과를 시작하기 일쑤다.

솔직히 생각해보면 크게 일이 많은 것 같지도 같은데 왜 이렇게 우리는 정신없고 바쁠까?

힘들고 바쁘게 사는 게 당연시되는 요즘 사회에서 많은 사람들이 '여유'를 잊고 살아간다. 솔직히 말해서 '여유'라는 단어를 사용하려면 눈치를 봐야 할 정도이다. 자동차에 탄 채로 쇼핑할 수 있는 상점인 '드라이브스루(Drive Through)'가 급속도로 증가하는 것만 봐도 커피 한 잔의 여유를 즐기는 것은 마치 사치인 듯하다.

정말 바쁜 것인지, 아니면 정신없이 살아야만 할 것 같은 이 사회 분위기 때문인지 모르겠지만 우리는 바쁘다는 이유로 많은 것을 포기하고 산다. 연애도 하고 싶고, 여행도 가고 싶고, 가끔 스테이크 썰면서 칼질도 하고 싶다.

하루하루 흘러넘치는 물을 닦을 뿐, 수도꼭지를 잠글 '여유'가 없다. '여유'가 없는 우리가 가장 놓치기 쉬운 것은 무엇일까? 바로 '사람'이다. 아무리 바빠도 맛집은 찾아다니고, 시간이 없어도 노는 것은 어떻게든 계획한다. 하지만 사람에게는 크게 신경 쓰지 않는다. 조금만 투자해도 놓치지 않을 수 있는 사람을 우리는 오늘도 놓치고 있다.

상대를 당황하게 만드는 약속 날짜 정하기 패턴

책을 쓰기 시작하면서 서울에 갈 일이 많아 오랜만에 친구에게 연락했다.

나: "친구! 오랜만이다. 오바. 잘 지내는가? 오바. 안 본 지 한 8년 정도 된 것 같다. 오바."

친구: "오! 잘 지낸다. 오바. 넌 보니깐 강연하면서 잘 지내는 거 같은데? 오바." (오랜만에 연락해도 전혀 어색하지 않게 장난을 잘 받아 쳐주는 친구이다.)

나: “나야 항상 정신없이 잘 지내지. 나 서울 자주 가는데 시간 되면 얼굴 볼까 해서 연락했어.”

친구: “서울에는 무슨 일로 오는 거야? 일 끝나면 몇 시인데?”

나: “요새 이것저것 하는 게 많아. 만나면 얘기해줄게. 난 보통 3시쯤 마쳐!”

친구: “오, 그럼 4시쯤 강남에서 보자!” (그러더니 갑자기 음식점 링크를 두세 개 보냈다.)

나: “벌써 밥집까지 알아본 거야?”

친구: “내일 보자는 거 아니었어? 그래서 바로 알아봤지.”

나: “아, 나 내일이 아니라 다음 주에 올라가!”

정말 놀라우면서도 너무 고마웠다. 8년 동안 보지 못했던 친구가 연락한 지 10분 만에 약속을 잡을 거라고는 상상도 못 했다. 아쉽게도 약속이 미뤄지긴 했지만 기분이 좋았다. 항상 빠르게 약속을 잡는 나보다 더 적극적인 모습을 보여준 친구가 멋있어 보이기도 했다.

내가 사람을 정말 많이 만나고 연락을 하지만 이런 친구는 정말 드물다. 우리에게 익숙한 대화는 대개 이렇다.

나: “선배, 오랜만이네요. 잘 지내셨어요?”

선배: “어, 준식아. 오랜만이네! 난 잘 지내지. 넌 잘 지냈어?”

나: “네, 저도 잘 지내고 있어요. 여긴 어쩐 일이세요?”

선배: "아, 동창회가 있어서 오랜만에 나왔어. 근데 정말 오랜만
이다. 이게 몇 년 만이지?"
나: "한 3년 만 아닌가요? 저희도 맥주 한잔해요!"
선배: "맥주 좋지. 시간 될 때 한번 보자. 준식아, 번호는 그대로지?"
나: "네, 좋아요. 연락해요. 선배."

대학 졸업 이후로 오랜만에 본 선배와 길에서 마주쳐서 한 대화였다. 그렇다. 이 대화는 우리가 살면서 정말 자주 접하게 되는 대화 패턴이다.

만났을 때는 정말 반갑게 인사한다. 그러나 옆에 다른 사람도 있고 각자 가야 할 길이 있기에 그 짧은 시간에 많은 얘기를 할 순 없다. 그래서 반갑지만 아쉬운 마음을 담아 이렇게 말한다.

"시간 될 때 한번 보자", "조만간 밥 한 끼 하자."

소름 돋을 정도로 많이 듣고, 많이 했던 말이 아닌가? 솔직히 이제는 이런 말만 들어도 서로가 빈말이라고 느끼게 될 정도다.

그렇게 뒤돌아서고 난 뒤에 만난 사람은 도대체 얼마나 될까? 그래도 좀 더 구체적인 대화도 있긴 하다.

"그럼 나 시험 끝나고 나서 연락할게", "너 여행 다녀오면 한번 보자."

그래. 이 정도만 돼도 50점이다. 이후에 연락할 수 있는 여지를 주는 말이기 때문에. 그래도 시간이 지나면 잊혀지고, 왠지 연락하기가 부담스럽다.

빈말하지 말고 정확한 약속 날짜를 잡아라

그렇다면 어떻게 하는 것이 좋을까? 오랜만에 만났는데 만나는 그 자리에서 바로 약속 날짜를 잡는 것도 이상하다. 그래서 우선 상대방을 만난 그날 저녁에 안부를 물어보면서 연락을 시작하는 것이 좋다. 그러고 나서 가장 중요한 것이 만날 정확한 날짜를 잡는 것이다. 보통 대부분의 사람들이 연락을 잘하고 나서도 마지막에는 이렇게 얘기한다.

"우리 진짜 꼭 한번 보자!", "시간 꼭 내줘야 해!", "시간 한 번 맞춰보자!"

꼭 만날 것처럼 대화하고 나서도 마무리는 항상 이렇다. 결국, 또 빈말 아닌 빈말을 하게 된다. 누구의 잘못도 아니다.

항상 대화가 이렇게 마무리되는 이유는 간단하다. 정확한 날짜로 약속 잡는 것에 익숙하지 않을 뿐이다. 가까운 친구나 연인의 경우에는 그냥 자연스럽게 "내일 보자", "이번 주 토요일 저녁에 봐"라고 얘기하지만 오랜만에 보는 사람한테는 그러면 안 된다. 그렇게 바로 날짜를 잡아본 경험이 많지 않으니까 말이다.

"평일과 주말 중 언제가 괜찮으신가요?"

"평일이라면 다음 주 월요일, 수요일 빼고는 다 괜찮아요. 편하게 금요일 날 뵐까요?", "이번 주 주말은 워크숍이 있어서 힘들고, 다음 주 토요일 점심은 어떠세요?"

우선 평일과 주말 중 언제가 편한지 묻고 나서 요일이나 날짜를 먼저 제시하는 것이 좋다. 분명 예상치도 못한 날짜 제시에 상대가 당황할지도 모른다. 하지만 상대방도 이런 상황이 익숙하지 않을 뿐, 언제가 괜찮을지 달력을 보게 될 것이다. 볼 생각이 없는 사람이라면 적당하게 둘러댈 것이고, 그런 사람은 보지 않으면 된다.

내 기억 속에 친했던 사람이고 좋았던 사람이라면 자신 있게 물어보자. 상대방도 용기가 없을 뿐 나와의 만남을 내심 기대하고 있을 것이다. 그래서 나는 오늘도 약속을 잡는다.

"다음 주 금요일 밤에 치킨에 맥주 콜?"

혼자 간 모임에서 혼자 되지 않기

누구나 처음은 혼자고 어색하다

하버드 경영대학원에는 매년 900명에 가까운 신입생이 들어온다. 학기가 시작되면 모든 학생은 3주 동안 기초 수업을 들어야 한다. 이 기간에는 듣는 수업과 반 학생은 모두 무작위로 배정된다. 서로 얼굴을 익히고 사귈 기회를 주는 것이다.

모든 수업은 사례 학습으로 이뤄진다. 교수가 앞에서 수업하는 것이 아니라 학생들이 사전에 사례를 예습한 뒤 토론 형식으로 공부한다. 그래서 사전 준비를 잘하려고 학생들은 자체적으로 스터디 그룹은 만든다. 수업 전에 항상 스터디 그룹원들이 모여 그날 발표할 사례에 관해 토론하고 각자의 의견을 펼친다. 그 과정을 통해 브레인스토밍을 하고 자신의 생각과 분석을 내놓는다.

– 코니, 《하버드 인맥 수업》, 꼼지락, 2019, 88쪽

방학 때 본인 스스로 수강 신청을 하고 개강을 하면 수강 정정 기간이 주어진다. 그 기간에 수업을 바꾸고 싶은 소수의 학생들만 반을 옮기는 우리나라와는 다르게 하버드 경영대학원에서는 첫 학기 3주 동안 수업과 반이 모두 무작위로 배정된다. 그래서 3주 동안 다양한 친구들과 많은 대화를 할 수 있고, 학생들이 직접 참여하는 토론 형식으로 수업이 진행되기 때문에 미리 만나서 의견을 나누며 서로 친해질 수밖에 없다.

나만 혼자인 것이 아니라 모두가 혼자 입학을 한다. 그렇게 처음에는 어색하게 인사를 하고 혼자 수업을 들었지만, 시간이 조금만 지나도 매일 지겹도록 보고 함께 수업을 듣는 친구들이 한두 명씩은 생긴다. 결국 누구나 처음은 혼자고 어색하다. 하지만 그것도 다 지나간다.

핸드폰에 있는 모든 사람과 연락하는 것은 아니지만 내 핸드폰에는 약 2,000명의 연락처가 있고, 주기적으로 만나는 모임은 8개가 있다. 이 많은 인맥의 반 이상이 스무 살에 형성되었다고 해도 과언이 아니다. 나는 스무 살 때 학교를 다니는 동시에 정말 많은 것을 했다.

스무 살의 나는 학교를 다니면서 과 동아리, 중앙동아리, 봉사,

아르바이트, 대외활동, 연애까지 일곱 마리의 토끼를 모두 잡으려고 했다. 10년이 지난 지금, 스무 살 때 만났던 모든 사람들과 모임을 갖거나 연락하는 것을 보면 그 당시에 일곱 마리의 토끼를 모두 잡았던 셈이다.

일곱 마리 토끼를 모두 잡을 수 있었던 세 가지 원칙

한 마리의 토끼도 잡기 힘든데, 어떻게 일곱 마리의 토끼를 모두 잡을 수 있었을까? 바로 다음과 같은 세 가지 원칙을 지키고자 했기 때문이다.

모든 모임에 혼자 참가하기

많은 사람들이 새로운 모임에 혼자 나가는 것을 두려워한다. 뭔가 하고 싶은 활동이나 재밌는 모임이 있으면 친구들에게 연락해서 같이 하자고 한다. 친구가 싫다고 하면 친구와 함께할 수 있는 다른 활동을 찾기 일쑤다.

친구와 함께 모임에 참가하게되면, 굳이 다른 사람들과 이야기하려 하지 않는다. 같이 간 친구들끼리 속닥속닥 얘기하고 모임이 끝나면 함께 조용히 사라진다.

그런데 우리는 항상 새로운 환경, 새로운 만남에 적응하면서 살아왔다. 위에서 언급했듯이 학교와 학년이 바뀔 때마다 자연스럽게 친구를 사귀었다. 이사와 같이 삶의 환경이 바뀌는 일이 있어도 꾸준히 새로운 친구들을 만나 관계를 맺어왔다.

모임에는 혼자 참가해야만 새로운 사람들과 더 많은 얘기를 할 수 있다. 처음은 어색할지라도 이제까지 해왔던 것처럼 사람들에게 말을 걸면서 어렵지 않게 관계를 맺을 수 있다.

모임에서 혼자 나오지 않기

새로운 모임에 혼자 갔든지 친구랑 갔든지 간에 어느 모임에 참석했다면 그 모임에서 최소한 한 명과는 친해져야 한다. 상대방도 처음 왔다면 제일 좋다. 이 모임에 처음 왔다는 그 사소한 공통점 하나만으로 이미 반 이상은 성공했다. 이런저런 얘기를 하면서 서로에 관해 묻고 모임이 끝나기 전에 반드시 연락처를 묻도록 하자. 이 얘기를 하면서 말이다. "다음에 올 때 저랑 같이 와요."

활동이 끝나면 주도적으로 약속 잡기

어떤 활동이든 끝나고 나면 첫 번째 모임만큼은 직접 주도해서 잡았다. 한 달이든 세 달이든 여섯 달이든 큰 행사나 활동이 끝나고 나면 뭔가 많이 아쉽다. 행사를 준비하던 기간에는 자주 연락하고 주기적으로 봤는데 이제 만나야 할 명목이 없어서 괜히 슬프다. 그럴 때 꼭 이렇게 얘기한다.

"우리 앞으로도 자주 봐요. 시간 맞춰서 MT도 가요."

그러나 행사가 끝나고 다시 각자의 일상으로 돌아가면 행사를 할 때는 그렇게 시간이 잘 맞던 사람들이 이상하게 한두 명씩 잘 안

행사 또는 활동이 끝난 후 모임을 이어나가는 방법

1. 첫 번째 모임만큼은 내가 직접 주도해서 잡는다.
2. 투표해서 만날 날을 정한다.
3. 안 되는 사람이 몇 명이 생기더라도 약속 날짜는 절대 미루지 않는다.

맞다. 그러다 보면 자연스럽게 약속이 연기되고 활발하던 대화방은 조용히 저 밑으로 내려간다.

그래서 행사가 끝나고 난 후 첫 번째 모임만큼은 자신이 직접 주도해서 잡기를 바란다. 우선 투표를 해서 날을 정하자. 혹시 시간이 맞지 않는 사람이 몇 명 있더라도 날짜는 절대 미루지 마라. 되는 사람들끼리 모이면 된다. 일단 무조건 만나라. 그렇게 첫 모임이 성사되고 나면 신기하게도 다음 모임은 쉽게 잡힌다.

단순한 인맥 관리보다 진심이 중요하다

"노력은 수단이 아니라 그 자체가 목적이다. 노력하는 것 자체에 보람을 느낀다면 누구든지 인생의 마지막 시점에서 미소를 지을 수 있을 것이다."

19세기 러시아를 대표하는 소설가이자 사상가였던 톨스토이가 했던 말이다.

일곱 마리의 토끼를 모두 잡을 수 있었던 세 가지 원칙에서 언급한 나의 많은 노력들이 오직 인맥 형성을 위한 수단만은 아니었다.

정말 사람들과 만나는 것이 좋아서 그들과 친해지기 위해 진심으로 다가갔다.

그저 핸드폰의 연락처 수를 늘리기 위한 인맥 관리는 하지 않는 것만 못하다. 망설여지더라도 내가 좋아하는 모임에 혼자 참여하고 앞에서 얘기했던 방법들을 활용해 사람들에게 진심으로 다가간다면 생각지도 못했던 정말 좋은 사람을 만나게 될 것이다.

다름을 인정하는 마법의 주문을 외워라

우리나라는 인사를 허리를 굽혀서 하지만, 멕시코나 이탈리아에서는 볼에 뽀뽀하면서 인사를 한다. 우리나라에서는 손가락으로 동그랗게 원을 만드는 것이 OK라는 의미라면, 브라질에서는 상대를 비난하는 표현으로 이해한다. 또 우리나라에서는 까마귀를 흉조로 여기지만, 영국에서는 길조로 여긴다.

이처럼 나라마다 언어, 시간, 역사, 음식이 다른 것처럼 문화 또한 천차만별이다. 어디가 맞고 어디가 틀렸다고 얘기할 수 없다. 사람도 마찬가지다. 나와 다른 생각을 하고 다른 가치관을 가진 사람들이 세상에 너무나도 많다.

나와 맞지 않는 사람과 굳이 스트레스 받아가면서 관계를 유지

할 필요는 없다. 하지만 많은 사람들이 나와는 다르다는 이유로 사람을 멀리한다. '다른 것=틀린 것', '다른 것=나쁜 것'이라는 공식이 자신도 모르게 머릿속 한편에 자리 잡고 있어서 괜히 기분이 나쁘고 싫다. 그러면서 싸우게 되고 자연스럽게 멀어진다.

"나 오늘 뭐 달라진 거 없어?"

많은 연인들이 '사랑한다는 이유'로 참 많이 다툰다. 친구 관계일 때는 신경도 쓰이지 않던 것이 사귀고 나서는 왜 이렇게 기분 나쁘고 화가 나는지 모르겠다. 서로 이해해주고, 늘 상대방의 입장에서 생각하자며 대화를 마무리하는데도 며칠 뒤에 똑같은 이유로 다투고 있다.

"나 오늘 뭐 달라진 거 없어?"

혹시 이 문장을 보자마자 소름 돋았을지도 모르겠다. 연애를 해 본 대한민국 남자라면 이보다 어려운 질문은 아직 보지 못했을 것이다. 문제를 맞힌 적이 있는가? 혹시 맞혔다면 100점을 받았던 적은 있는가? 솔직히 나는 잘 맞히는 편이다. 적어도 내 기준에서는 그렇다. 난 적어도 세 가지 중 두 가지는 맞힌다. 대단하지 않은가? 하지만 나머지 하나를 맞히지 못해서 여자 친구의 기분을 상하게 한 적은 있다.

그런데 정말 신기하게도 수많은 커플들이 단순한 저 질문 하나로 많이 다툰다. 심지어 이 질문을 시작으로 이별하는 커플도 있다.

별거 아닌 저 질문 하나로 어떻게 이별까지 하느냐고 생각할지 모르겠지만, 별거라면 이야기가 다르다.

남자와 여자는 다르다고 많이들 얘기한다. 생각하는 것도 그렇고, 사랑을 표현하는 방법도 다르다. "나 오늘 뭐 달라진 거 없어?"라는 질문에서도 마찬가지다. "앗! 오늘 훨씬 예뻐졌네!", "오늘따라 더 사랑스러워"라고 얘기하면 그래도 좀 괜찮을 줄 알았다. 하지만 더 구체적인 것을 원한다.

앞머리 길이가 1센티미터 짧아진 것과 아이라인이 조금 더 길어진 걸 어떻게 알 수 있을까. 빨간색도 다 같은 빨간색이 아니란다. 이게 무슨 말인가. 알면 알수록 더 어렵다.

그렇다. 서로가 이해해야 한다. 나와 다를 뿐이다. 분명 처음부터 기분이 나빴던 건 아닐 것이다. 매번 물어볼 때마다 몰랐고, 관심이 없는 것 같아서 점점 기분이 나빠진다. 사소한 것 하나라도 더 물어봐주길 원하고 알아주길 바라는 여자 친구를 위해서 메모하는 노력이라도 해보자. "안 되는 걸 어떡해"라고 하지 말고.

그리고 여자분들은 태초부터 눈썰미가 없고 둔한, 나와는 다른 남자 친구를 위해서 대놓고 얘기해주자. "나 오늘 입술 색깔 바꿨는데 어때? 예뻐?"라고 말이다. 분명, 이 세상 누구보다도 예쁘다고 얘기해줄 남자친구다.

서로를 너무 바꾸려 말고 아파하지 말자. 사랑할 시간도 부족하다.

정확하게 기억한다. 2018년 5월. 나에게 잊지 못할 그날. 나에게도 인간관계를 맺으면서 아팠던 경험이 있다.

2년 동안 친하게 지내던 친구가 있었다. 서로 사는 곳이 멀어 자주 보진 못 했지만, 가끔 전화도 하면서 꾸준하게 연락을 이어왔다. 친구가 부산에 놀러 오기도 했고, 봉사도 같이하면서 자연스럽게 가까워지게 되었다. 그런데 갑자기 그 친구에게서 이런 연락이 왔다.

"준식아, 넌 하나도 잘못 없어. 너 그대로의 모습인데 내가 불편함을 느끼는 것 같아. 난 너처럼 다가오는 사람은 안 맞거든. 상대방은 더 가까워지길 원하는데 난 가까워질수록 힘들더라. 이건 노력의 문제가 아니라 성향 차이인 것 같아. 기대에 못 미쳐서 미안하고, 잘 챙겨줘서 정말 고마웠어."

청천벽력 같은 얘기였다. 너무 잘 지내고 있었고, 평생 갈 친구라고 생각했는데 정말 당황스러웠다. 이미 마음을 정하고 얘기한 것 같았다. 그래서 나는 정신을 차리며 얘기했다.

"무슨 이유든 네 생각이니깐 존중할게. 난 네가 더 연락을 많이 했고, 오히려 내가 답을 빨리 못 해줘서 미안했었거든. 그래서 당황스럽네. 말을 안 하니깐 그렇게 생각하고 있을 줄 전혀 몰랐다. 아무튼, 미안했고 항상 힘내. 안녕!"

솔직히 그 당시에는 기분이 나빴다. 일방적으로 통보받고 관계가 한순간에 끝이 났으니까 말이다. 그래서 나도 붙잡지 않았던 것 같다. 그런데 시간이 지나고 다시 생각해보니 그 친구에게 미안한 마음이 들었다. 얼마나 힘들었으면 이런 선택까지 했을까. 그만큼 가깝게 지냈고 서로 의지하던 사이였는데, 분명 그도 많이 고민하고 힘들게 얘기했을 것이다.

친하다고 아무렇지도 않게 던졌던 농담과 장난이 그 친구에게는 큰 상처가 되었을지도 모른다. 솔직히 그때까지만 해도 친한 사이라면 그 정도는 할 수 있다고 생각했었다. 하지만 이 일을 계기로 확실히 알 수 있었다. 상대방은 내가 아니니깐, 그럴 수도 있겠다는 것을. 내가 가까워지려고 건넸던 손이 넘지 말아야 할 선을 넘을 수도 있다는 것을 말이다.

평생을 함께할 것 같은 사람들이 주위에 보통 한두 명씩은 있다. 나에게도 그런 사람들이 있고, 앞에서 얘기했던 친구도 그 사람들 중 한 명이었다.

살다 보면 내 곁에 있는 게 너무 당연했던 사람과 어쩔 수 없이 멀어지게 되는 상황이 올 수 있다. 최대한 오해를 풀고 해결하는 것이 좋지만, 그러지 못할 때는 확실히 인정하고 놓아줄 필요도 있다. 그래야 새로운 사람을 받아들일 수 있다.

내가 인생이란 영화의 주인공이자 주연이라고 본다면, 내 주위의 많은 사람들이 내 영화에 등장한다. 등장하는 사람이 좋든 싫든 간에 그 사람은 당신의 영화를 완성시켜주는 조연이나 엑스트라임에 틀림없다. 드라마든 영화든 주연만으로는 완성될 수 없다. 배경도 있어야 하고, 소품도 있어야 하고, '나'라는 주연을 빛내줄 조연도 있어야 한다.

정말 당신을 힘들게 하고 짜증나게 하는 사람이 있는가? 그 사람은 지금 내 인생이라는 영화에서 NG를 내는 사람이다. 이 NG를 나의 애드리브로 자연스럽게 넘기다 보면, 그 NG마저도 즐겁게 느껴질 날이 올 것이다. NG? 낼 수도 있잖아? 사람이니깐. "그럴 수도 있지."

반드시 혼자만의 시간을 갖고, 그 시간을 활용하라

지금까지 인테크에 투자하라고 꾸준히 얘기했다. 하지만 인테크에 투자하라는 말이 쉬지 않고 사람을 만나라는 것은 아니다. 인테크에서도 스스로 쉬어갈 수 있는 혼자만의 시간은 꼭 필요하다.

내 생활을 하면서 사람도 만나지만 우리는 그 사이사이에 나만의 시간을 갖는 습관을 가져야 한다.

"그 시간에 나에게 도움이 되는 한 사람이라도 더 만나는 것이 낫지 않나요?"라고 묻는 사람도 있다. 하지만 절대 그렇지 않다. 우리는 인테크를 위해서 반드시 혼자만의 시간을 가질 필요가 있다.

그렇다면 왜 그 시간이 필요하고, 그 시간을 어떻게 보내야 하는지에 대해 알아보도록 하자.

혼자만의 시간이 필요한 이유

학창시절에 항상 학교를 같이 다니던 친구들이 있었다. 등교는 각자 했고, 하교할 때만 함께 모여서 버스를 타고 집으로 왔다. 집에 다 도착할 때쯤 그중 한 친구에게서 연락이 왔다.

친구: "준식아, 오늘 뭐 할 거야?"

나: "아니, 우리 헤어진 지 1분도 안 지났는데 벌써 문자를 해? 그리고 아까 집에서 쉴 거라고 얘기했잖아."

친구: "아, 그랬지. 뭐 하면서 쉬려고?"

나: "TV를 보거나 컴퓨터 할 거야. 너도 얼른 쉬어. 내일 보자."

연인이라면 이해하겠지만, 이 친구는 너무 심했다. 주위에 사람이 없으면 불안해하고 혼자 있을 때 무엇을 해야 할지 몰랐다. 그래서 늘 사람들에게 연락하여 그 불안함을 덜어내곤 했다.

늘 누군가와 함께 있어야만 하는 사람은 오히려 주위 사람들을 불편하게 만든다. 그래서 혼자 있는 법도 알아야 하고, 그 시간을 잘 활용할 줄 알아야 한다.

혼자만의 시간이 필요한 가장 큰 이유는 나 자신을 알아가기 위해서다. 바쁘고 정신없는 나날을 보내고 있는 내가 뭘 잘하고 있는지, 혹시 놓치고 있는 것은 없는지, 앞으로는 무엇을 하는 게 좋을지 생각하는 시간을 가져야 한다.

성공적인 인테크를 위한 시간 활용법 세 가지

지금부터 성공적인 인테크를 위해 혼자만의 시간을 보내는 방법 세 가지를 소개하려고 한다.

혼자 있는 시간은 많지만, 그 시간이 항상 비효율적으로 흘러가고 있다면 다음 세 가지를 실천해보자.

글쓰기

시, 소설, 수필, 일기 등 글에도 여러 가지 종류와 형식이 있다. 요즘은 형식을 따르지 않는 자유로운 글쓰기를 많이 하는 편이다. 그중에 가장 많이 하는 글쓰기는 일기다. 매번 새해가 될 때마다 다이어리를 사면서 올해는 반드시 꾸준하게 일기를 써야겠다고 다짐하지만 한 달이라도 가면 다행이다. 그만큼 글쓰기를 꾸준하게 하기란 쉽지 않다.

글쓰기를 해야 하는 가장 큰 이유는 '생각정리' 때문이다. 평소 머릿속으로만 생각하던 것을 직접 글로 쓰다 보면 자연스럽게 하나씩 정리가 된다. 하지만 글쓰기는 꾸준하게 하는 것은 둘째 치고 해보지 않은 사람에게는 시작조차 어렵다.

나도 평소 글쓰기를 좋아하거나 잘하는 편은 아니었다. 그래서 절대 매일 일기를 쓰거나 글을 쓰지 않았다. 그런 내가 글쓰기를 시작했던 방법을 소개한다.

글쓰기를 시작하는 방법

1. 기억에 남는 일이 있거나 관심 있는 주제가 생기면 핸드폰이나 노트에 메모를 한다.
2. 메모를 했던 그날 밤, 일기를 쓰거나, 가끔 새벽 감성이 올라올 때 글을 쓴다.
3. 일기는 느꼈던 그대로를 솔직하게 쓰면 된다. 그리고 에세이처럼 관심 있는 주제에 대해 자유로운 글쓰기를 할 때는 평소의 내 생각을 솔직하게 적으면 된다.
4. 분량은 세 줄도 상관없다. 글쓰기는 1주일에 한 번을 목표로 가볍게 시작한다. 대신 빼먹으면 안 된다.
5. 어떤 주제에 대해 글을 썼다면 부끄러워하지 말고 반드시 다른 사람들에게 보여준다. 피드백을 통해서 글쓰기가 성장하고 습관이 될 수 있다.

지금 소개한 방법은 글쓰기만큼은 정말 재능이 없다고 생각했던 내가 썼던 방법을 솔직하게 적은 것이다.

기억에 남는 일, 좋아하는 주제만 메모했는데도 글감이 있어서 그런지 글을 쓰기 시작할 때 어렵지 않았다.

처음에는 가벼운 일기로 시작했고, 그렇게 일기를 쓰는 것이 익숙해지면서 어떤 주제에 대해 글을 쓰기 시작했다. 그리고 꼭 그 쓴 글을 주변 사람들에게 보여주었다. 그러다 보니 나도 모르게 글에 신경을 쓰게 되었고, 글이 자연스럽게 서론, 본론, 결론으로 논리적으로 쓸 수 있게 되었다.

다만 한 가지 주의할 점이 있다. 글을 멋있게, 있어 보이기 위해 쓰지는 말자. 길게 적지 않아도 좋다. 내가 느끼고 생각했던 것들을 있는 그대로 적어보자. 그러다 보면 어떤 얘기든 내 생각을 빠르게 정리할 수 있는 습관이 생기고, 사람들 앞에서 내 생각을 정확하게 표현할 수 있게 된다.

독서

책 읽으라는 말은 어려서부터 수도 없이 들어왔다. 그만큼 독서가 주는 영향은 이루 말할 수 없을 정도로 크다.

독서를 통해 지식을 쌓는 것은 물론이고 내가 경험하지 못했던 세상과 삶, 감정을 저자의 시선을 통해 간접적으로 느낄 수 있다. 그리고 다양한 분야의 다양한 생각을 접하고 내 생각과 비교하면서 정리할 수 있다. 독서는 가만히 앉아서 즐길 수 있는 정말 가성비 좋은 작은 여행인 셈이다.

독서를 하기 위한 여러 가지 방법이 있지만, 그 중요성을 인지하지 못하거나 흥미를 느끼지 못한다면 어떤 좋은 방법을 배우더라도 독서를 시작하기 어렵다.

그래서 일단 자신이 좋아하는 분야의 책으로 시작하는 것이 좋다. 그리고 느려도 좋으니 그 책을 저자의 생각을 정확히 파악할 수 있도록 정독해보자. 정독하고 나면 이젠 그 책을 조금 빠르게 다시 한 번 읽어보자. 한 번 읽었던 내용이기 때문에 생각보다 빨리 읽힌다. 이렇게 다섯 권 정도만 읽다 보면 책과 멀었던 사람이라도 조금은 가까워질 수 있다.

그러면서 마음에 드는 구절이 있으면 표시도 하고, 내 생각도 자유롭게 적어보자. 책을 다시 팔 생각으로 읽지 말고 더러워져도 좋으니 나만의 책으로 만드는 노력을 해보자. 독서는 분명히 안목을 넓혀줄 것이다.

연락 돌리기

성공적인 인테크를 위해 혼자만의 시간을 보내는 또 하나의 추천 방법은 지인들에게 연락을 취하는 것이다. 이것은 내가 10년이 넘도록 실제로 하고 있는 방법이다.

말 그대로 연락을 돌리는 것이다. 난 혼자만의 시간이 날 때마다 SNS를 보거나 연락처를 살펴본다. SNS를 보면서 지인들의 근황을 확인하고 그 내용을 토대로 안부 인사를 건넨다.

뒤에서 좀 더 자세히 이야기하겠지만, 오랜만에 하는 연락은 어쨌든 누구에게나 뜬금없을 수밖에 없다. 하지만 돈을 빌린다거나 청첩장을 전달하는 연락만 아니라면 누구든 연락 오는 것이 반가울 것이다.

적어도 1주일에 한 번씩은 연락처를 살펴보며 두세 명에게 연락을 취해보자. 했던 사람에게 또 해도 좋다. 짧은 문자 한 통, 5분의 전화로 내 주변 사람들에게 관심을 표현하자. 그 작은 관심이 분명히 인테크에 윤활유 역할을 하게 될 것이다.

혼자에 익숙해져서는 안 되지만 혼자만의 적당한 시간을 가지는 것은 반드시 필요하다. 나를 위해서 나에게 여유를 선물하자. 나에

대한 배려와 이해가 없다면 결국 지치게 되고 한계에 부딪힐 수밖에 없다.

혼자만의 시간을 어떻게 활용하느냐에 따라 3년, 5년, 10년 뒤 당신이 만나게 될 사람이 달라질 것이다.

3장

내 주변에
사람이 모이게
만들어라

순수한
'오지라퍼'가 되라

인간관계에서 '교류'만큼 중요한 것이 하나 더 있는데 그것은 '꾸준함'이다. 꾸준함은 반복을 하는 것이다, 그리고 반복된 꾸준함은 상대방에게 예측가능한 사람으로 안정감을 준다. 그리고 그 모습이 신뢰로 이어진다. 한번 신뢰가 형성이 되면 혹시 문제가 발생하더라도 신뢰를 바탕으로 문제를 원만히 해결할 수 있는 확률이 높아진다. 이렇듯 인간관계에는 오랜 시간 꾸준함으로 쌓아온 서로에 대한 신뢰가 중요하다.

– 노승일, 《하루 1% 15분 꾸준함의 힘》, 라온북, 2019, 119쪽

친구든 연인이든 가족이든 직장 상사든 사람과의 관계에서 정말

중요한 것이 신뢰다. 신뢰는 한순간에 만들어지는 것이 아니라 꾸준함이 반복되면서 만들어진다. 그렇게 형성된 신뢰는 서로의 관계를 더욱 단단하게 해주고 서로에게 대가를 바라지 않고 도움을 주기도 한다.

대가를 바란다면 인테크는 꿈도 꾸지 마라

내가 회사에 다닐 때 같은 팀 과장님이 얘기하셨다.

"준식아, 굳이 현장에서 하는 일 도와주지 말고, 잘하는지 보기만 해라. 그러다 괜히 다친다."

한두 번 들었던 말이 아니다. 한 번씩 현장 일을 도와줄 때면 많은 분들이 얘기했었다. 하지만 아버지뻘 되는 분들이 현장에서 더울 땐 더운 대로, 추울 땐 추운 대로 50~60킬로그램이 넘는 무거운 것을 들면서 일을 하는데 마냥 쳐다볼 순 없었다.

그래서 나는 시간이 날 때마다 장갑을 끼고 무거운 것들을 날랐고, 가끔은 그라인더(고속도로 회전하는 연삭숫돌을 사용해서 공작물의 면을 깎는 기계) 작업을 직접 도와주기도 했다. 비록 현장 직원분들에게 큰 도움은 되지 못했을지라도 내가 도와주는 동안 잠시라도 쉴 수 있으셨고, 그때만큼은 함께 웃을 수 있었다. 내가 힘들더라도 그냥 그러는 게 좋았다.

우리는 어떤 일을 하고 나서 그 일에 대한 대가를 받는데 익숙하다. 아르바이트와 직장을 다니면서 일을 한 대가, 학교와 학원을 다니면서 공부를 한 대가, 운동하고 먹는 것을 줄이면서 다이어트를 한 대가, 놀지 않고 열심히 돈을 모은 대가 등 다양한 대가를 받고 있다.

그렇다. 내가 노력하고 고생한 것에 대가가 있는 것은 당연하다. 하지만 인테크를 할 때는 다르다. 누군가를 도와줄 때 대가를 바라고 도와준다면 차라리 도와주지 않는 편이 낫다. 그렇게 도와주고 나서 시간이 지난 뒤에, 상대방이 나에게 어떤 형태의 대가도 지불하지 않는다면 실망하게 되고, 더 이상의 관계가 진전되기는 어렵기 때문이다.

인테크를 시작하면서 상대방에게 너무 많은 것을 바라면 안 된다.

적당한 오지랖은 인테크의 필수항목

"너나 잘하세요."

영화 〈친절한 금자씨〉에서 배우 이영애가 했던 명대사이다. 개봉한 지 15년이 지났건만, 요즘도 가끔씩 듣고, 쓰게 되는 대사이다.

이 대사를 가장 떠오르게 하는 날은 바로 명절이다. 명절은 바쁘고 정신없는 일상에서 벗어나 잠시 여유를 가지고, 그동안 찾아뵙지 못했던 가족, 친척들과 함께하라고 있는 것이 아닌가. 그런데 그런 명절이 언제부터 우리에게 스트레스를 주는 존재가 되었을까? 다음 사진은 명절 때 SNS에서 이슈가 되었던 '잔소리 메뉴판'이다.

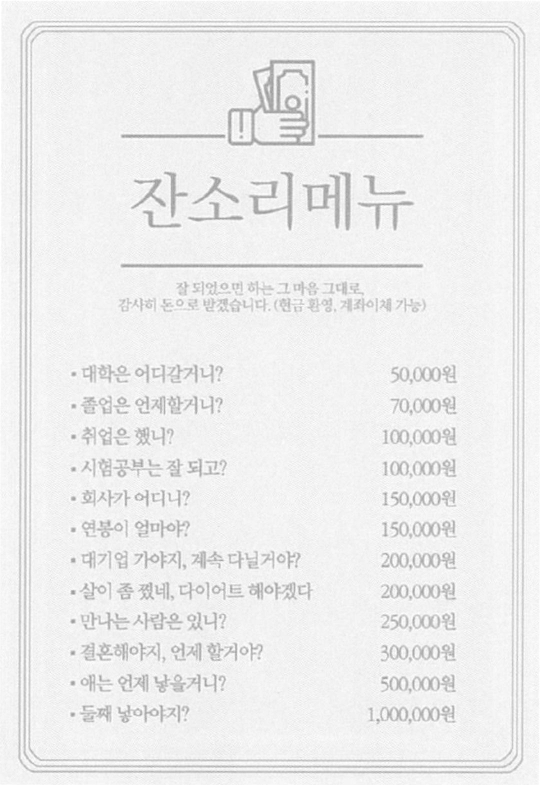

명절 때 돈 벌게 해주는 잔소리 메뉴판
출처: cafe.naver.com/mymyson/144293

실제로 이렇게 돈을 받는다면 명절만 손꼽아 기다릴지도 모른다. 오죽했으면 이런 메뉴판까지 만들게 되었을까. 하기 싫어서 안 하는 게 아니라고 대체 몇 번을 얘기해야 하는 걸까.

그러나 여기서 말하는 잔소리는 인테크에서 말하는 '오지랖'과는 다르다. 오지랖은 웃옷이나 윗도리에 입는 겉옷의 앞자락을 얘기한다. 오지랖이 넓으면 그만큼 다른 옷을 덮게 되어서 옷 스타일을 버리게 되므로 오지랖이란 말은 좋은 의도로 사용되는 경우가 많지 않다. 그런데 오늘날 같은 개인주의 사회에서는 오지랖이 너무 좁아서 문제다.

지금은 관심에 목말라 하는 시대다. 혼자가 편하다고 얘기하면서도 '왜 아무도 나에게 관심이 없을까?' 하고 외로워한다. 그래서 적당한 오지랖은 새로운 관계의 시작을 열기도 하고, 기존 관계에 윤활유 역할을 한다.

혹시 고민이 있어 보이는 친구가 있다면 괜찮냐는 문자 한 통을 보내자. 그리고 내가 잘 아는 분야에 관심이 있는 친구라면 먼저 다가가서 알려주자. 그 한 통의 연락과 말 한마디로 그 사람과의 관계가 빠르게 진전될 것이다.

솔직히 타인을 돕는 것이 쉬운 일은 아니다. 게다가 도와주고도 대가조차 바라지 말라고 하면 굳이 왜 그렇게 해야 하냐며 반박할지도 모른다.

이에 대한 대답을 영국의 경제학자이자 철학자였던 애덤 스미스(Adam Smith)의 말로 대신한다.

"당신이 친절한 행동으로써 사람에게 준 유쾌함은 곧 자신에게 돌아온다. 뿐만 아니라 때로는 이자를 얹어 오기도 한다."

내가 상대방에게 했던 배려와 친절은 결국 나에게 돌아오는데, 가끔은 몇 배 이상이 되어서 돌아오기도 한다. 쌀 한 톨 주었을 뿐인데 쌀 한 가마니가 되어서 돌아온다는 것이다.

돈을 들여서 도와주라는 것이 아니다. 나의 말 한마디, 나의 행동 하나로 도울 수 있는 사람이 너무나도 많다.

싫은 사람을 억지로 도와줄 필요는 없지만, 내가 도와주지 않을 이유가 없다면 고민하지 말고 먼저 손을 내밀었으면 한다. 적당한 오지랖은 인테크에 필수다.

상대방을 말하게 하는 대화의 기술 다섯 가지

'대화를 잘하려면 말을 잘해야 하는 거 아닌가?'

대부분의 사람들이 이렇게 생각할 것이다. 말을 잘해야 대화를 잘할 수 있다고 말이다.

절대 그렇지 않다. 말을 잘하면 대화를 잘하는 데 도움이 되는 것은 확실하다. 그러나 말을 잘한다고 무조건 대화를 잘할 수 있는 것은 아니다. 또 대화를 잘하기 위해서 굳이 말을 잘할 필요도 없다.

인간관계의 대가 데일 카네기(Dale Carnegie)는 그의 저서에서 1, 2, 3의 법칙을 소개했다. 즉, 한 번 말을 했다면 두 번은 듣고, 적어도 세 번은 맞장구를 쳐야 한다는 것이다.

데일 카네기가 1, 2, 3의 법칙을 제시했다면, 나는 수많은 사람들을 만나고 11년째 상담을 하면서 직접 느끼고 시도했던 방법들을 토대로 만든 나만의 대화 법칙을 소개한다. 일명 공준식의 '상대방을 말하게 하는 대화의 기술 다섯 가지'는 다음과 같다.

1. 내 얘기로 가볍게 시작하라.
2. 꼬리에 꼬리를 무는 질문을 하라.
3. 말 잘하는 사람보다 잘 들어주는 사람이 사랑받는다.
4. 대화의 윤활유, 맞장구를 쳐라.
5. 상대방이 듣고 싶은 대답을 찾아내라.

대화가 두려운 많은 사람들에게 내가 꼭 소개해주고 싶은 방법이다. 그럼 지금부터 대화의 주도권은 내가 가지되 말은 상대방이 하게 하는, 즉 상대방의 입을 열게 만드는 대화의 법칙 다섯 가지를 좀 더 자세히 알아보자.

내 얘기로 가볍게 시작하라

'분명히 말은 상대방이 한다고 했는데 왜 내 얘기를 하라는 거야?'라고 생각할지도 모르겠다. 하지만 지금 우리가 하려는 것은 '스피치'가 아니라 '대화'이다. 당연히 어느 정도 말은 해야 한다. 여기서 중요한 것은 바로 질문부터 하지 말고, 내 얘기로 가볍게 시작하라는 것이다. 이렇게 말이다.

A: "오늘 우리 회사에서 특식으로 탕수육에 짜장면, 군만두까지 나왔어. 진짜 너무 맛있더라. 너흰 오늘 뭐 나왔어?"

B: "와, 갑자기 탕수육 먹고 싶어졌잖아. 우리는 특식 그런 거 없고, 그냥 풀 나왔어. 매일이 풀 잔치야. 이러다 염소 되겠어."

내 얘기를 거창하게 하라는 것이 아니다. 어떤 질문을 하더라도 그 질문에 대한 내 경험이나 생각을 얘기한 뒤에 질문하자. 그리고 여기서 또 하나 중요한 것이 있다. 혹시나 상대방이 먼저 질문을 했다면 상대방이 질문 전에 했던 말에 대해 반드시 언급하고 넘어가도록 하자. 그러면 상대방은 자연스럽게 대화를 주고받는다는 느낌을 받게 될 것이다. 한 가지 예시를 더 살펴보도록 하자.

A: "요즘 영화 볼 게 없는 것 같아. 난 해리포터 시리즈 엄청 좋아했었거든. 요즘에는 시리즈로 기다릴 게 없어서 슬퍼. 넌 어떤 영화 좋아해?"

B: "맞아. 나도 해리포터 진짜 좋아했었어. 나는 마블 영화라면 하나도 빠짐없이 다 봤어. 근데 어벤져스 시리즈가 마무리되면서 눈물 났잖아. 다시 나오겠지? 너도 어벤져스 봤어?"

꼬리에 꼬리를 무는 질문을 하라

이 말은 대화법에서 자주 등장하는 말이다. 하브루타(Havruta) 교육법이라고 해서 질문과 토론을 통해 성장해나가는 유대인의 교육법으로 유명하다. 처음에는 이런 대화법이 존재하는지조차 몰랐다. 그런데 내가 10년 전부터 쓰고 있었던 걸 보면 가끔 나도 내가 참 신기하다.

꼬리에 꼬리를 무는 질문이라고 하면 말 그대로 지금 하는 대화가 끝나기 전에 이 대화에서 질문할 것을 찾는 것이다. 바로 위에 소개한 대화 예시도 이에 포함된다. 영화라는 주제로 대화를 시작했으면 굳이 다른 주제를 찾으려고 애쓰지 말고 자연스럽게 영화 안에서 이야기를 이어가면 된다. 위에 있는 대화 예시를 계속 이어가보도록 하겠다.

> A: "어벤져스? 그 시리즈 다 봤지! 나도 마블 영화는 정말 하나도 빠짐없이 다 봤어. 난 특히 어벤져스 중에서도 아이언맨이 제일 좋더라. 그래서 아이언맨 시리즈는 한 다섯 번도 넘게 본 것 같아. 넌 마블 캐릭터 중에서 누가 제일 좋아?"

상대방이 했던 얘기에 내 생각을 언급한 뒤 자연스럽게 그 영화 주제 안에서 등장인물로 넘어갔다. 그런 다음에는 어떻게 하는 것이 좋을까?

일단 영화 장르에서 서로 공통점이 많다는 걸 알게 되었으니 이미 할 얘깃거리는 무궁무진하다. 일단 지금은 마블 영화 중에서 가장 기억에 남는 장면을 얘기한다든지, 핸드폰으로 함께 영화를 찾아

보면서 얘기하는 것도 상당히 좋다.

말 잘하는 사람보다 잘 들어주는 사람이 사랑받는다

말 잘하는 사람과 잘 들어주는 사람이 있다. 당신은 어떤 사람이 좋은가? 당연히 내 말을 잘 들어주는 사람을 택할 것이다. 말 잘하는 사람은 딱히 필요치 않다. 하지만 내 얘기를 경청하고 함께 공감해 줄 사람은 꼭 필요하다. 그래서 사람을 얻기 위해선 말을 잘하기보다 잘 들어주면 된다.

경청이 중요하다는 말은 잘 알고 있지만 실천하지 못하는 경우가 허다하다. 다른 사람의 말을 귀담아듣기 어려운 이유를 이민규 저자는 《끌리는 사람은 1%가 다르다》(더난출판사, 2009)에서 다음 네 가지로 진단한다.

1. 귀를 기울이기 위해서는 많은 에너지와 집중력이 필요하다.
2. 말을 많이 해야 인정을 받을 수 있다고 생각해서 할 말을 생각하는 데 급급하다.
3. 상대를 잘 파악하고 있으므로 듣지 않고도 무슨 말이 나올지 잘 알고 있다는 선입견을 갖고 있다.
4. 경청하는 것을 배울 기회가 없었다.

정말 많은 사람들이 자기 주위에 사람이 없는 이유가 말주변이 없기 때문이라고 착각한다. 말을 잘하기 전에 갖추어야 할 가장 중요한 건 잘 듣는 것이다. 잘 듣지 않는다면 결코 말을 잘할 수 없다. 경청은 대화하기 위해 갖춰야 할 최소한의 배려이자, 인테크에서 매우 중요한 요소이다.

대화의 윤활유, 맞장구를 쳐라

아무리 내가 재밌게 얘기를 하고 상대가 잘 들어준다고 해도 집중해서 듣고 있다는 기분이 들지 않는다면 말하다가도 흥미를 잃게 된다. 그래서 경청을 할 때도 열심히 잘 듣고 있다는 신호를 꾸준히 전달할 필요가 있다. 그 신호가 바로 '맞장구'이다.

맞장구란 둘이 마주 서서 장구를 치는 일로 남의 말에 덩달아 호응하거나 동의하는 것을 가리킨다. 한 명이 얘기하면 그 말에 감탄사나 적절한 표현으로 공감을 해주면 된다.

여기서 맞장구를 칠 때는 상대방의 눈을 쳐다보고 웃으면서 하는 것이 좋다. 그리고 공감이 가는 부분은 나의 의견을 적당히 얘기하는 것도 좋은 방법이다.

다만 너무 과한 맞장구는 오히려 상대방의 기분을 상하게 할 수 있다. 내 말에 집중하는 것이 아니라 그저 기분을 좋게 만들려고 영혼 없이 하는 맞장구는 분명히 티가 나기 때문이다. 게다가 맞장구도 상대방의 말에 크게 공감하지 못한다면 자연스럽게 나오지 않는다.

그럴 때는 최대한 고개를 끄덕이며 열심히 듣고 있다는 정도만 인지시켜주자. 이렇게 맞장구만 잘 쳐도 상대방의 호감을 살 수 있다.

상대방이 듣고 싶은 대답을 찾아내라

상대방을 말하게 만드는 대화의 법칙 다섯 가지 중 마지막은 '상대방이 듣고 싶은 대답 찾아내기'이다. 대화를 하면서 마지막에는 상대방이 듣고 싶어 하는 대답을 찾아내서 직접 말해주는 것이다.

이 마지막 법칙은 앞에서 제시한 네 가지 법칙을 지키지 않는다면 결코 할 수 없다. 그래서 내가 정말 중요하게 생각하고 많은 사람들에게 추천하는 법칙이자 방법이다.

"듣고 싶은 대답을 어떻게 찾아내지? 그것도 말을 잘하거나 사람을 많이 만나봐서 할 수 있는 거 아니야?"라고 물을 수 있다. 장담하는데, 절대 어렵지 않다.

우리는 수많은 다양한 주제로 대화를 한다. 하지만 그 모든 대화 속 상대방의 얘기에는 자기도 모르게 듣고 싶은 대답이 늘 존재한다. 그 대답은 생각보다 매우 단순하다. 몇 가지 예를 들겠다.

A: "누나, 나 오늘 아침에 30분이나 늦잠 잤는데 회사에 종치기 1분 전에 도착했잖아."

B: "뭐 타고 갔는데?"

A: "내 차 타고 갔지. 신호도 운이 좋았고, 엄청 달렸어."

B: “이야~ 베스트 드라이버인데? 난 저번에 늦잠 자서 택시 탔는데 결국 지각했었어.”

A: “나 오늘 서면 나간 김에 틴트 이거 하나 샀어. 넌 무슨 색 써?”
B: “난 다홍색이야. 우와, 이거 색깔 엄청 예쁘다. 나도 하나 사야겠어. 어디서 산 거야?”

A: “방금 버스 타고 오는데 내 앞에 있는 어떤 사람이 엄청 큰 소리로 방귀 뀐 거 있지.”
B: “대박! 냄새는 안 났어?”
A: “응. 냄새는 다행히 안 났어. 진짜 조용했었는데 소리가 정말 어마어마하더라.”
B: “진짜 웃겼겠다. 주위에 사람들도 웃음 참느라고 고생 좀 했겠는데?”

A: “나는 왜 직장을 옮길 때마다 사람들하고 부딪힐까? 요즘 진짜 자존감 바닥인 거 같아.”
B: “이번에도 사람들이랑 잘 안 맞아?”
A: “응. 이번이 벌써 네 번째인데……. 텃세도 심하고, 나한테 이유 없이 짜증내고 그러네.”
B: “나도 새로운 모임 나갈 때마다 나랑 안 맞는 사람이 꼭 있더라. 넌 아무 잘못 없어. 그런 사람들은 자기들이 잘못하는 줄

도 모르거든."

어떤 느낌인지 감이 오는가? 알고 보면 우리가 평상시에 자연스럽게 하고 있는지도 모른다. 단순히 "아 그래?", "정말?", "그렇구나!" 등의 단순한 맞장구보다는 상대방의 얘기를 자세히 듣고 그 얘기에 딱 맞는 대답을 해줌으로써 상대방의 마음을 사로잡을 수 있다.

시작은 누구나 어렵다. 그러나 상대방이 어떤 얘기를 하는지 자세히 듣고 질문하다 보면 '듣고 싶은 대답'을 찾는데도 점점 익숙해질 것이다.

마지막으로, 앞서 소개한 상대방을 수다쟁이로 만드는 대화의 법칙 다섯 가지에는 안 들어가지만 정말 중요한 것이 하나 있다. 그것은 대화에 임하는 자세이다. 대화를 할 때는 너무 편한 자세로 임해서는 안 된다.

대화가 길어지다 보면 자연스럽게 자세가 풀어진다. 하지만 대화에서 자세는 말하는 것만큼이나 상당히 중요하기 때문에 대화의 자세를 고치는 것만으로도 상대방을 더 즐겁게 얘기하도록 만들 수 있다.

내가 열심히 얘기하고 있는데 상대방이 다리를 꼰 뒤 팔짱을 끼고 있다고 생각해보자. 아무리 가까운 사이라고 해도 왠지 그가 내 얘기를 평가하고 있다는 기분이 들거나, 아니면 내 얘기에 크게 관심이 없어 보이기도 한다.

그리고 대화할 때는 몸을 너무 뒤로 기대지 않아야 하고, 지나가는 사람들을 계속 쳐다보는 행동도 상대방의 입장에서는 자기 말에 집중하지 않는 것으로 보일 수 있다.

대화하면서 가장 좋은 태도는 상대방이 얘기하는 동안 최대한 상대방의 눈을 쳐다보는 행동이다. 그래야 대화에 집중하고 있다는 것을 따로 표현하지 않아도 상대방이 알 수 있다. 그리고 상대방이 말을 열정적으로 할 때만큼은 상체를 앞쪽으로 기울이고, 손은 테이블 위로 올려 더 적극적으로 듣고 있다는 신호를 보내는 것이 좋다.

때로는 이런 행동이 사람의 마음을 더 열게 하고, 사이를 가깝게 만든다. 몸의 언어는 우리가 생각하는 그 이상을 전달한다.

인테크는 '갑자기' 시작하는 것

나: "야, 너 민정이랑 연락해?"

친구: "민정이? 아~ 그 1학년 때 같은 수업 들었던 그 후배?"

나: "응. 맞아."

친구: "아니? 내가 그 애랑 연락할 일이 뭐가 있냐? 근데 그 애는 갑자기 왜?"

나: "그냥. 갑자기 공부하는데 생각나서. 그때 시험공부 같이 했잖아."

친구: "그럼 연락해보면 되잖아. 왜 나한테 물어봐? 전화번호 몰라서 그래?"

나: "번호야 알지. 연락 안 한 지 2년이 넘었는데, 좀 그렇잖아."

친구: "너도 그런 것을 따져? 넌 그냥 막 편하게 다 연락하는 줄 알았는데."

나: "아, 물론 연락을 잘하는 편이긴 한데, 괜히 여자 후배니깐 좀 그러네."

대학생 때 도서관에서 시험공부를 하며 친구와 나눴던 대화이다. 솔직히 오랜만에 연락한다는 게 참 어렵다. 그래서 생일에 연락하는 것이 제일 자연스럽고 좋지만 그렇다고 생일만 기다릴 수도 없는 일이다.

'평소 연락도 안 했으면서 왜 연락하는 거지?', '이 정도 연락 안 했으면 남 아닌가?' 이렇게 생각할까 봐 솔직히 먼저 연락하는 게 상당히 두렵다. 그래서 우리는 늘 망설이게 된다.

오랜만에 오는 지인의 연락이 반갑지 않은 이유

후배: "선배, 잘 지내? SNS 보니깐 뭐 이것저것 되게 많이 하고 있던데!"

나: "이게 몇 년 만이야! 잘 지냈어? 나야 뭐 늘 잘 지내잖아."

후배: "응. 나도 잘 지내고 있어! 선배는 부산에 있어?"

나: "난 항상 부산에 있지. 너는 어디야?"

후배: "난 한 달 전에 퇴사하고 부산 다시 내려왔어. 아, 그리고 나 다음 달에 결혼하거든. 시간 되면 밥 먹으러 와."

나: "아…… .그래, 알겠어! 결혼 축하해!"

거의 7년을 연락하지 않고 지내던 후배가 갑자기 연락을 했다. 솔직히 이런 연락은 반가우면서도 솔직히 뭔가 좀 섭섭하다. 오랜만에 나를 찾아주는 반가운 연락인 줄 알았는데, 알고 보니 청첩장을 보내기 위한 연락. 평소에 한 번이라도 연락을 주었으면 덜 서운했을 텐데 말이다. 그래도 결혼식은 웬만하면 최대한 다 가려고 하는 편이다.

그러던 차에 인터넷에 이런 글이 올라왔다.

평소 연락 없던 사람에게 받으면 살짝 언짢은 연락 유형 일곱 가지

1. 게임 초대 보내는 유형
2. 내가 잘나간다는 소문 듣고 친한 척하는 유형
3. 청첩장 보내는 유형
4. 소개팅 시켜달라는 유형
5. 필요할 때만 연락하는 유형
6. 돈 빌리려는 유형
7. 애인 있을 때는 잠수 타고, 헤어지면 친한 친구인 척 연락하는 유형

솔직히 정말 공감 가는 글이다. 나는 일곱 가지의 유형을 모두 겪어봤지만 개인적으로 가장 공감 가는 유형은 4번과 6번이다. 주위에 사람이 많다 보니 소개팅 시켜달라는 연락이 상당히 많이 온다. 기꺼이 해주고 싶은데, 정말 소개팅 시켜달라는 연락만 1~2년

에 한 번씩 해오는 사람이 있다. 솔직히 좀 얄미울 때가 있다.

결국, 이런 유형의 사람들 때문에 오랜만에 오는 지인의 연락이 그다지 반갑지 않은 건 아닐까?

인테크는 '갑자기'다

'평소 연락 없던 사람에게 받으면 살짝 언짢은 연락 유형 일곱 가지'와 같은 이유로 오랜만에 오는 연락이 달갑지 않다면, 내가 먼저 평소에 꾸준히 연락하면 된다. 물론 그 시작은 오랜만이면서 갑자기여야 한다. 아니, 그럴 수밖에 없다.

우리가 아침에 잠에서 깰 때 벌떡 일어나는 것처럼 연락도 마찬가지다. 오랜만에 연락했을 때 상대방이 어떻게 생각할지 눈치 보며 걱정한다고 뭐가 달라지겠는가? 나 혼자 스트레스 받을 뿐이다. 그래서 생각났을 때 정말 갑자기 연락할 필요가 있다.

연락 안 해서 멀어지거나, 연락하고 나서 답장이 안 오거나 피차일반이다. 아니, 후자는 미련이나 후회라도 없다.

나: "오랜만이야! 잘 지내?"

친구: "오, 이게 얼마만이야? 결혼하는 거야?"

나: "아니, 무슨 결혼이야. 내가 연락 안 하면 평생 남으로 지낼 것 같아서 연락했다."

친구: "에이, 무슨 남이야! 그래도 고맙다. 이렇게 연락해줘서."

3년간 연락을 하지 않았던 친구와 내가 나눈 대화 내용이다.

나는 1주일에 한 번씩 핸드폰 연락처를 보면서 연락을 취한다. 연락한 지 1년이 되지 않았으면 웬만하면 전화를 하고, 1년이 넘어가면 일단 메시지를 보낸다. 그렇게 연락을 해서 내가 가장 많이 하는 말이 "내가 연락 안 하면 평생 남으로 지낼 것 같아서 연락했다"이다. 이 말은 농담 반 진담 반이지만, 거의 80퍼센트는 진심으로 하는 말이다.

사실 오랜만에 연락한다는 것이 말처럼 쉽지는 않다. 특히 상대방이 이성일 경우는 더 그렇다. 하지만 생각해보자. 누군가 내가 생각나서, 내가 보고 싶어서 연락이 왔다고 했을 때, 어느 누가 기분이 나쁘겠는가.

솔직히 우리는 그렇게 나를 찾아주길 바란다. 다만 그런 연락이 익숙하지 않아서 인지하지 못할 뿐 우리는 누군가의 연락을 바라고 있다.

한때는 정말 하루라도 안 보면 어색할 정도로 친했던 사람과 평생 남으로 지낸다는 게 얼마나 슬픈 일인지 모른다.

우리는 학교를 다니면서 공부도 하고 아르바이트도 한다. 그리고 직장을 다니면서 적금도 들어야 한다. 그렇다. 우리 모두는 정말 정신없이 살아가고 있다. 내 인생, 나 스스로 열심히 살아가야 하기 때문에 내 일에 집중할 수밖에 없다.

연락하고 싶지 않았던 것이 아니다. 그럴 여유가 없었던 것뿐이다. 그래도 이제 여유가 좀 생겼다면, 아니 조금이라도 여유를 만들어서라도 지금 당장 연락했으면 한다. 그 연락은 우리가 그토록 바라던 인테크의 문을 활짝 열어줄 것이다. 우리의 인연은 그렇게 '갑자기' 시작된다.

상대의 마음을 사로잡는 세 가지 방법

둘이서만 할 수 있는 무엇인가가 있다고?

나: "나 방금 일 마쳤는데 넌 언제 퇴근해?"

친구: "난 5분 뒤에 마칠 것 같네. 어디서 볼까?"

나: "남포동 거기서 보자. 늘 보던 곳."

친구: "거기? 알겠어. 나중에 보자."

친구들과 한 번쯤은 해보았을 법한 대화다. 우리에게 너무 친근하고 익숙한 대화. 이 대화에는 어떤 특징이 있을까? 사실 여기서 말하는 '거기'는 PC방이다. 게임을 자주 하는 편은 아닌데, 유일하게 같이 게임을 하는 친구와 가는 PC방이 정해져 있다. 하나의 대화를 더 보도록 하자.

여자: “내꾸야, 차가 너무 막혀서 버스가 기어가고 있어.”

남자: “어디쯤 왔는데? 많이 늦을 것 같아?”

여자: “음, 30분은 더 걸릴 것 같아. 먼저 카페에 들어가 있을래? 미안해.”

남자: “알겠어. 조심해서 와, 내꾸야.”

다른 사람들이 보기에 약간 민망할 수 있지만 한편으로는 너무 사랑스럽다. 단순히 이름을 부르는 것보다 ‘내꾸야’와 같은 서로 간의 애칭을 씀으로써 매우 일반적인 대화가 사랑스러운 대화가 될 수 있었다.

위에서 언급한 두 개의 대화의 특징을 알아챘는가? 주위에서 자주 접할 수 있는 이 대화에는 둘이서만 할 수 있는 ‘무언가’가 있다. 이 ‘무언가’가 서로를 ‘내 사람’으로 느끼도록 한다.

확실하게 내 사람으로 만드는 테크닉 세 가지

사람들을 만나다 보면 나와 더 잘 맞는 사람이 있고, 좀 더 친해지고 싶은 사람이 있다. 그런 사람들과는 좀 더 많은 연락을 취하고 식사도 하면서 그 사람과의 관계를 진전시키려고 한다. 그렇게 상대방과 친해지고 나면 어느 순간부터 적당한 거리가 유지된다. 그 거리를 좁히고 싶은데 이미 정해진 거리는 좀처럼 줄어들 생각을 하지 않는다.

그렇다면 나와 이미 관계를 맺고 있는 사람들을 확실하게 내 사람으로 만들기 위해서는 어떻게 하는 것이 좋을까? 그 세 가지 방법을 소개하려고 한다.

약속과 약속 사이의 기간이 길면 안 된다

약속과 약속 사이의 그 기간이 길면 안 된다. 오늘 상대방을 만났다면 그다음 약속은 최대한 빨리 잡아야 한다. 사람과의 관계에도 어느 정도 타이밍이 존재하기 때문에 자주 만나면서 가까워져야 한다. 가까워지고 나면 그땐 언제 보든지 상관없다.

그리고 절대 전화나 문자로 관계를 발전시키려고 하면 안 된다. 동성이든 이성이든 내 사람으로 만들기 위해서는 직접 만나야 한다. 사람은 자신과 만났을 때 편한 사람을 계속 만나려는 경향이 있기 때문이다. 최대한 만나서 대화를 하고, 자주 보려고 노력하라. 얼굴을 마주하지 않고 관계를 이어나간다면 그 둘은 딱 거기까지다.

특별하지 않은 날, 감사의 선물을 하라

두 번째는 특별하지 않은 날 감사의 선물을 하는 것이다. 보통 대부분의 사람들은 생일이나 기념일을 챙긴다. 그건 당연하다. 그런데 방금 말했던 것처럼 그 대부분의 사람들이 당연하다고 생각하기 때문에 기념일에 선물하면 고마움 그 이상을 바라기는 어렵다.

기념일은 필수적으로 챙기되 특별하지 않은 날 감사의 선물을 하는 것이 좋다. 무턱대고 선물을 하라는 것이 아니다. 그 사람과의 만남이나 전화가 끝난 후, "오늘 제 얘기 너무 잘 들어주셔서 감사합니다", "저번에 너무 좋은 말씀 많이 해주셔서 저에 대해 깊게 생각할 수 있었어요"라는 말과 함께 선물을 주면 된다.

그리고 이때의 선물은 너무 거창하지 않아야 한다. 너무 비싼 선물을 하는 것은 서로에게 부담스럽고, 또 상대방의 취향을 모르기 때문에 특정한 선물을 하는 것은 위험할 수 있다.

따라서 이때의 선물로는 커피 또는 케이크 쿠폰이 가장 무난하고 좋다. 요즘에는 치킨이나 피자 쿠폰을 주는 것도 상당히 좋아하고, 나잇대가 좀 있으신 분들에게는 상품권이 적당하다. 물론 상대방에게 어울리는 게 있거나 뭘 좋아하는지 잘 알고 있다면 그걸 해주면 된다.

선물은 "나는 당신을 생각합니다"라는 무언의 메시지다. 내 마음을 담은 메시지와 함께 선물을 한다면 상대방도 나의 진심을 알고 나와 더 가까워지려고 노력할 것이다.

둘만의 '무언가'를 만들어라

세 번째로 가장 중요한 것은 둘만의 '무언가'를 만드는 것이다. 가장 대표적인 예가 앞에서 얘기한 애칭이다. 이 애칭은 보통 연인관계에서 가장 많이 사용한다. 그 누구도 사용하지 않을 것 같은 개성 있는 애칭일수록 더 좋다. 애칭 이외에도 이 '무언가'는 셀 수 없이 많다. 예를 들면 다음과 같다.

- 말하지 않아도 알 수 있는 둘만의 장소
- 영화만큼은 항상 같이 보기
- 끝나고 집에 갈 때는 항상 같이 가기
- 맛집 공유하고 함께 찾아다니기
- 둘만 알고 있는 서로 간의 비밀

거창하지 않아도 좋다. 그저 둘이서만 알고 있는 것이라면 뭐든 된다. 물론 그 '무언가'를 만들기 위해서는 먼저 서로의 공통된 관심사를 찾고 계속 대화를 해봐야 한다.

그렇게 '무언가'를 만들고 나면 신기하게도 다른 사람은 모르고 우리 둘만 알고 있다는 이유만으로 서로 교감하고 있다고 느끼고, 뭔가 특별한 사이라고 생각하게 된다. 그렇게 둘만의 '무언가'가 조금씩 늘어가다 보면 자연스럽게 서로를 더 찾게 되고 가까워진다.

"쇠뿔도 단김에 빼라"는 속담처럼 내 사람으로 만들기 위해 마음을 먹었다면 너무 질질 끌지 말고 확실하게 다가가자. 다만 확실하게 내 사람으로 만들기 위한 세 가지 방법을 쓰기 전에 꼭 명심해야 할 것이 있다.

"진실이 진실로서 들리게 하려면 정성과 마음을 다하여 말해야만 합니다. 다른 사람에게 전달한 메시지가 제대로 이해되지 않았을 때는 적어도 두 가지 가운데 하나일 것입니다. 곧 거짓말을 했든가 아니면, 정성과 마음을 다하지 않았거나 두 가지 중에 하나일 것입니다"라고 톨스토이(Lev Nikolayevich Tolstoy)가 말한 것처럼 상대방에게 나의 정성과 마음을 다해야 한다. 그저 자신이 성공하기 위한 수단으로 이용하기 위해서 다가간다면 그 사람과 친해질 수 있을지는 몰라도 그 이상의 관계를 만들기는 어렵다.

상대방에게 내 마음에서 우러나오는 진심 어린 행동을 보인다면 이 세상에 내 사람이 되지 못할 사람은 없다.

굳이 모든 사람과
잘 지낼 필요는 없다

하지만 월급의 2배짜리 명품백만이 낭비가 아니고,
연예인 걱정만이 낭비가 아니다.
우리 삶에서 곧 사라질 존재들에게
마음의 에너지를 쏟는 것 역시 감정의 낭비다.

그만두면 끝일 회사 상사에게
어쩌다 마주치는 애정 없는 친척에게
웃으면서 열 받게 하는 빙그레 쌍년에게
아닌 척 머리 굴리는 여우같은 동기에게
인생에서 아무것도 아닌 존재들에게

더는 감정을 낭비하지 말자.

마음 졸여도, 끙끙거려도, 미워해도 그들은 어차피 인생에서 지나가는 사람들일 뿐이다.

– 김수현, 《나는 나로 살기로 했다》, 마음의숲, 2016, 27쪽

내 인생에서 스쳐지나가는 사람들에게 내 마음과 시간을 낭비하지 말라는 솔직함을 표현한 글이다. 생각만 해도 치가 떨리는 그런 사람들에게 내가 힘들어하면서까지 맞춰줄 필요는 없다.

지금까지 수많은 다양한 사람들과 어떻게 가까워지고, 그 관계를 어떻게 유지하느냐에 대해 얘기했다. 이번에는 내가 스트레스를 받아가면서까지 굳이 그 관계를 유지할 필요가 있는가에 대해서 얘기해보려고 한다.

착한 아이 콤플렉스?

이미 여러 번 얘기했듯이 나는 어릴 때부터 사람을 참 좋아했다. 그래서 주변 사람들이 힘들어하는 것을 보면 늘 도와주었고, 길을 걷다가도 내가 도울 수 있는 일이 있으면 망설이지 않고 도왔다. 맞다. 난 오지랖이 상당히 넓었다. 이런 성격을 보면 내가 왜 봉사를 13년, 상담을 11년 동안 꾸준하게 해올 수 있었는지 알 수 있다.

하지만 대학 시절까지는 오지랖을 넘어 '착한 아이 증후군(Good

Boy Syndrome)'가 있었다. 착한 아이 콤플렉스란 어른이 되어서도 자신의 감정을 솔직하게 표현하지 못하고, 타인에게 착한 사람으로 보이기 위해 욕구나 소망을 억압하면서 지나치게 노력하는 것이다.

나는 부모님의 사랑을 충분히 받으면서 자랐고, 가족들과도 너무 잘 지내는데 왜 이런 콤플렉스가 생겼는지 의문이 들었다. 인정받고 싶은 욕구가 너무 커서 그런가 싶기도 했다.

나는 상대방의 부탁을 거절하지 못하고, 싫다는 표현을 하지 못했다. 항상 사람들 앞에서는 웃는 모습만 보여주었고, 힘든 게 없는 사람으로 보이려고 노력했다. 힘들어도 많은 사람들의 얘기를 들어주고, 또 이끌어가다 보니 왠지 항상 강한 모습만 보여줘야 할 것 같았다. 강박관념 비슷한 것 같았다.

그렇다고 착한 아이 콤플렉스로 인해 나의 인간관계에 특별한 문제가 있었던 것은 아니다. 그러나 '괜히 나 때문에 상처받진 않았을까?', '그 친구는 어떻게 생각하지?'라고 혼자 생각하면서 스트레스를 많이 받곤 했다.

그런 콤플렉스 때문에 모든 사람에게 좋은 사람이 되려고 했고, 남에게 잘 보이기 위한 삶을 살려고 애썼다. 나의 행복을 찾기보다는 다른 사람들의 행복을 찾아주기에 바빴던 것이다. 그러니 남 눈치 보는 게 일상이었고, 늘 그들에게 맞춘 대화를 하고, 그들이 원하는 표정을 지었다.

내 인생의 주인은 바로 나다

이런 나의 모습은 강연을 준비하면서도 나타났다. 그때 처음 깨달았다. '이건 아니구나!' 그때부터 나는 나를 바꾸기 시작했다. 내 변화를 보여주는 내용이기에 내가 강연 때 했던 말을 그대로 옮겨 적어본다.

저는 분명 제가 바라고, 그 모두가 바라는 꿈이라는 것을 이루었고 제 나름대로 성공이라는 것을 했는데 행복하지 않았습니다. 그러면서 '아, 내가 강연단을 그만두어야 하나?', '역시 강연을 계속하는 건 나에게는 무리인가?'라는 생각을 했습니다.

그리고 정확히 1주일 전, 강연 리허설을 끝내고 집에 가는 동안 마음이 상당히 불편했습니다. 그러고 혼자 집에서 가만히 강연 대본을 보는데 문득 이런 생각이 들었습니다.

'왜 대본에 내 이야기가 들어 있지 않지?'

'내 강연인데 왜 다른 사람의 내용이 이렇게 많은 거지?'

저는 그때 아주 큰 깨달음을 얻을 수 있었습니다. '아, 내가 너무 남 눈치 보면서 살고 있구나!', '내가 너무 타인의 시선을 신경 쓰면서 살고 있구나!'라는 것을 깨닫게 되었습니다.

나는 강연이라는 꿈을 이루었고, 내 기준의 성공을 했기 때문에 적어도 더 잘 보여야 한다고 생각했습니다.

그래서 내 강연도 내 이야기보다는 좀 더 그럴듯한 사람들의 그럴듯한 내용을 넣었던 것입니다.

그렇게 깨닫고 난 후, 저는 정확히 1주일 전부터 이미 한 달 동안 준비했던 대본을 과감하게 버리고, 지금 이 강연을 준비했습니다.
강연의 질이 좀 떨어지면 어떻고, 그럴듯하지 않으면 좀 어떻습니까? 내 목소리를 들려주고 나의 강연을 하는 것이 더 발전할 수 있고, 잘하는 것이라고 생각을 했습니다.

– 강연기획단 몽쉘's의 〈행복〉 강연 중에서

나는 이 강연을 계기로 착한 아이 콤플렉스를 정말 많이 극복했다. 솔직히 아직도 나의 힘든 얘기를 다른 사람들에게 털어놓는 것이 어렵다. 하지만 아니라고 생각되는 것은 확실히 거절도 하고, 나와 맞지 않는 사람에게 억지로 좋은 사람이 되려는 노력을 하지 않게 되었다.

답답하거나 스트레스 받을 때는 솔직하게 말을 했고, 항상 습관처럼 사람들을 웃기려고 애쓰지도 않게 되었다. 나를 필요로 하는 나의 소중한 사람들에게, 그리고 나 자신에게 좋은 사람이 되려고 노력했다.

내가 행복하지 않은데 어떻게 다른 사람의 행복을 찾아줄 수 있겠는가. 인테크를 잘하기 위해서는 나를 믿고 나 자신의 가치를 높게 살 줄 알아야 한다. 그래야 다른 사람도 존중할 수 있고, 제대로 소통할 수 있다.

많은 사람들이 자신의 가치를 너무 낮게 평가하고 본인의 한계를 제한해 버린다. 그러다 보니 자신의 생각이나 판단에 소심해지고 타인에게 맞춰진 삶을 살아가게 된다.

가치 있는 내 인생의 주인은 바로 나다. 조금 실수하고, 가끔 실패하면 어떤가. 적어도 내 인생, 남 눈치 보지 말고 내가 선택한 삶 떳떳하게 살았으면 좋겠다. 당신은 그 누구보다 소중하고 가치 있는 사람이니깐.

고마움의 종착역은 당연함이 아니다

우리 주변에는 고마운 일들이 참 많다. 당장 오늘 하루만 생각해봐도 머릿속에 꽤 많은 고마운 일들이 떠오른다. 물론 그 고마움의 기준을 어떻게 잡느냐에 따라 사람마다 느끼는 고마움의 차이는 천차만별이겠지만 곰곰이 생각해보면 우리 주변에 고마운 일과 고마운 사람이 많은 것은 확실하다.

"호의가 계속되면 그게 권리인 줄 알아요."

영화 〈부당거래〉에서 배우 류승범이 했던 명대사이다. 처음 상대방에게 베풀었던 친절 또는 호의가 반복되다 보면, 결국 그것을 본인이 누려야 할 권리라고 착각하게 된다는 말이다.

여기서 핵심은 바로 반복, 즉 익숙함이다. 상대방의 호의로 인해 고마움이 반복되어 익숙해지면서 그것이 점점 '당연함'으로 변하고 있다. 이런 당연함은 친구, 직장동료, 연인, 가족 등 모든 인간관계에서 나타난다.

고마움도 익숙해지면 당연한 줄 안다

어느 날, 전 직장에서 친하게 지낸 분의 SNS를 보고 깜짝 놀랐다. 이미 은퇴한 그분은 기념일을 맞아 아내에게 장미꽃을 선물하고 케이크를 자르는 사진을 올렸는데, 제목이 '오늘이 결혼 1만 일째 되는 날'이었기 때문이다.

남자들은 바쁘고 둔하다는 핑계로 결혼한 지 몇 해만 지나도 결혼기념일조차 잊는 것이 다반사인데 결혼 1만 일을 기념하는 남자라니! 계산해보니 1만 일은 27년 4개월이라는 시간이다.

나는 꽃을 닮은 그분의 아내와 번듯하게 잘 자란 두 아들을 잘 안다. 모두 훌륭한 가장 덕분이라 생각한다. 그런데 그분은 늘 자신이 그처럼 잘 지내는 것은 가족 덕분이라고 말했다.

– 이주형, 《어른이 되어 보니》, 다연, 2018, 124쪽

가장 애틋하면서도 가장 많이 다투고, 가장 보고 싶으면서도 가끔은 얼굴도 보기 싫은 그런 존재, 가족. 싫다가도, 가족은 가족이라고 눈물 흘리게 되는 그런 묘한 관계. 우리가 살아가는 동안 제일 익

숙하면서 늘 곁에 있을 것 같은 사람이 바로 가족이다. 부모님이라든지, 자식이라든지, 할머니라든지. 너무 익숙해서 소중한지 모르고 지내는 사람들. 그런 가족들에게 우리의 마음을 표현하기는 정말 쉽지 않다.

지금 당장 부모님에게 전화해서 사랑한다고 얘기해보라. 누나, 선배, 동생이어도 좋고, 할머니, 할아버지라도 좋다. 1초의 망설임도 없이 실행할 수 있는 사람이 얼마나 있겠는가? 만약 지금 정말 전화를 걸었다면, 당신의 인간관계는 이미 너무 아름답다.

혹시 아직도 망설이고 있다면 일단 전화를 걸고 다시 이 책을 펴길 바란다. 적어도 그 전화는 분명 너무 소중한 내 가족과의 익숙함이 당연함이 되지 않게 해줄 것이다. 뜬금없는 게 당연하다. 사랑한다는 말을 하기 힘들다면 안부 전화라도 좋다. 괜히 목소리라도 한번 들어보자.

고마움의 종착역이 당연함이었던 이유

며칠 전 누나의 SNS에 꽃 사진이 올라왔다. 그리고 밑에는 이런 글이 적혀 있었다.

> #엄마선물 #이유없음 #그냥주고싶어서삼
> 들고 다니는 내내 기분 좋아지라고 그냥 샀다ㅎㅎ 꽃하고 포장지까지 전부 내가 다 고름^-^

이 글을 보자마자 나는 기분이 좋으면서도 한편으로는 엄청 찔렸다. 우리 집은 엄마, 아빠, 누나, 외할머니, 나 이렇게 총 다섯 식구이다.

누나는 가족들에게 항상 잘한다. 가족 생일이 다가올 때면 나에게 의견을 물으며 미리 챙기고, 주말에는 아빠와 가끔 영화도 보고, 엄마와는 주기적으로 데이트도 한다. 회사를 마치고 집에 오면 항상 외할머니부터 챙기고, 하숙생처럼 집에서는 잠만 자고 계속 밖으로만 돌아다니는 철없는 나에게는 한 번씩 연락해서 밥을 먹자고 한다.

오늘도 출판사에 갈 일이 있어 새벽 일찍 서울로 가는 나에게 누나는 커피와 케이크 쿠폰을 보내주었다. 그렇다. 우리 집은 누나가 항상 가족들을 챙기고 꾸준하게 신경을 써준 덕분에 화목할 수 있었던 것이다.

하늘에 구멍이 난 것처럼 비가 억수같이 내리는 날, 집에서 원고 작업 중이었다. 갑자기 한 통의 전화가 걸려왔다.

선배: "공 선생, 잘 지내시나?" (나를 항상 '공 선생'이라고 부르는 선배다.)

나: "아이고, 선배님 이게 얼마 만이십니까? 저야 뭐 늘 잘 지내죠! 선배는 잘 지내시죠?"

선배: "나도 똑같다. 새해 인사도 하고 목소리도 들을 겸 전화했다."

나: "어떻게 매번 이렇게 잊지 않고 연락을 주시네요."

선배: "공 선생 바쁜데 안 바쁜 내가 해야 하지 않겠나?"

나: “꾸준히 연락하는 게 쉽지 않은데, 정말 고마워요. 그리고 저 안 바빠요!”

6년 전 봉사단에서 알게 되어 가끔씩 함께 밥을 먹던 선배였다. 그런데 선배의 직장이 멀리 떨어지게 되면서 얼굴을 못 본 지 4년 가까이 되었다. 그래도 1년에 한두 번씩 이렇게 안부 전화를 걸어왔다. 사람들에게 연락도 잘하고 인간관계를 꾸준히 잘 챙기는 나였지만, 나도 놓치는 사람이 있었다.

솔직히 작년까지는 몰랐다. 선배의 연락이 꾸준하게 오고 있다는 것을. 그 연락에 익숙했던 나는 매번 당연히 먼저 연락이 올 거라고 생각하지 않았나 싶다.

상대방이 하는 친절과 호의는 결코 쉬운 것이 아니다. 생각해보자. 우리는 누군가를 도울 때 머릿속으로 생각한다.

‘내가 괜히 오지랖 넓게 도와주는 건 아닐까?’, ‘내가 괜히 도와줘서 부담을 갖는 건 아닐까?’

이렇게 고민 고민하다가 어렵게 손을 내미는 경우가 부지기수다. 그런데 그 호의에 대한 반응이 어설프면 상대방은 상처를 받을 수도 있고, 앞으로 다른 누군가에게 다시는 친절하기가 두려워질지도 모른다.

초면에 어렵게 말을 건네는 사람, 오랜만에 연락 오는 친구, 매일 지겹도록 보는 직장 동료, 항상 옆에 있을 것 같은 가족, 헤어지지 않을 것 같은 연인 모두 내 곁에 있어야 할 당연한 사람은 없다.

지금까지 고마움의 종착역이 당연함이 되었던 것은 상대방의 꾸준한 노력이 있었기에 가능했다. 언제 떠날지 모르는, 지금 곁에 있는 내 사람들에게 최선을 다하자.

그래서 부끄럽더라도 우리 주변의 모든 사람들에게 용기 내서 얘기했으면 한다.

"제 곁에 있어 주셔서 감사합니다."

자신의 위치와 상황을 소중히 하고 집중하라

"Manners maketh man."

영화 〈킹스맨〉에 나오는 아주 유명한 대사이다. 매너가 사람을 만든다. 즉, 매너와 예의가 곧 그 사람이자 품격이라는 의미이다.

매너와 예의는 태어날 때부터 주어지기보다는 환경적인 영향으로 인해 형성된다. 항상 반에서 꼴찌만 하던 친구가 공부 잘하는 친구와 다니면서 성적이 오르는 것이 그러한 예이다.

그럴 때 주위에서 이런 얘기를 하곤 한다.

"야, 네가 ○○이랑 같이 다니더니 사람이 변했네."

평소에 책 한 번 보지 않던 친구가 "친구 따라 강남 간다"라는 속담처럼 자기는 딱히 하고 싶은 마음이 없지만 다른 사람에게 이끌려

덩달아 공부를 하게 되는 것이다.

생활습관, 성격, 행동, 언어 등 많은 부분이 이런 환경적인 요소에 많은 영향을 받는데 또 하나 영향을 받는 것은 위치와 자리이다. 우리는 이렇게 위치와 환경으로 인해 평소 본인의 모습과는 다른 행동과 판단을 하게 되고, 그러한 행동과 판단이 꾸준히 이루어지고 익숙해지면서 점점 그 모습이 우리, 그리고 '나'가 된다.

여기서 중요한 것은 그렇게 변하는 모습으로 인해 나의 인간관계가 정말 큰 영향을 받게 된다는 것이다. 우리는 수없이 많은 다양한 환경 속에서 자라왔고, 위치를 경험했다. 그리고 여전히 그런 위치와 환경이라는 아주 큰 틀 안에서 인격을 형성하고 '나'를 만들어 나가고 있다.

그렇다면 위치와 환경은 우리에게 어떤 영향을 미치고 있는지 자세히 얘기해보도록 하자.

집에선 다정한 아빠, 회사에선 꼰대 직장 상사

첫 번째는 위치와 자리이다. 즉, 내가 어떤 역할을 맡고 있느냐이다. 내가 팀원으로 참여하면 팀원으로서 열심히 활동하고, 팀장으로 뽑히게 되면 팀장으로서 사람들을 이끌며 팀원보다는 좀 더 팀의 전체적인 부분을 고려하며 활동을 하게 된다. 게다가 형성되는 인간관계도 상당히 많은 차이가 생긴다.

이 위치라는 요소는, 특히 직장에서 정말 큰 영향을 끼친다. 집에서는 한없이 다정한 아빠지만, 회사만 가면 모두가 싫어하는 꼰대 직장 상사가 되기 일쑤인 것이 대표적인 사례이다.

내가 하기 싫은 일이지만 많은 부하직원이 보고 있기 때문에 그래야 했고, 진정한 내 모습이 아니지만, 나의 직책과 직위 때문에 그런 내가 될 수밖에 없었던 것이다.

회사에서 팀장은 리더십을 발휘해야 하는 '나'를 만들고, 학교에서 반장은 친구들 앞에서 모범을 보여야 하는 '나'를 만들며, 이별의 힘듦과 고민을 이야기하는 친구 앞에서는 공감 잘하는 '나'를 만든다.

이렇게 자신의 위치와 자리는 끊임없이 새로운 '나'를 만들어내고, 내가 만나게 되는 사람도 다르게 만든다.

스마트폰만 없었더라면

두 번째는 환경이다. 귤화위지(橘化爲枳)라는 말이 있다. "회남(남쪽)의 귤을 회북(북쪽)에 옮겨 심으면 탱자가 된다"는 뜻으로, 사람도 주위 환경에 따라 달라진다는 것을 비유한 고사이다. 이 고사에서도 보면 알 수 있듯이, 다른 어떤 요소들보다 '나'를 만들어가는 데 많은 영향을 끼치는 것이 바로 이 환경적인 요소이다.

우리나라에서 그 대표적인 예가 바로 '야간 자율학습'이다. 정규 및 보충수업이 끝난 뒤 바로 하교를 하는 것이 아니라 남아서 자율적으로 공부한다. 흔히 말하는 '야자'이다.

만약 이 '야자'를 하지 않는다면 정말 공부에 열의가 있는 학생이 아니고서는 시험 기간 외에는 스스로 공부를 잘 하지 않는다. 그렇기 때문에 어떻게 보면 이 반강제적인 시스템으로 인해 우리나라 학생들의 학업 성적이 조금은 오른다고 볼 수 있다.

이뿐만 아니라 21세기에 들어 절대 빼놓을 수 없는 스마트폰도 대표적인 예가 될 수 있다. 스마트폰이 출시되면서 우리는 집을 나가지 않아도 손가락 하나만으로 거의 모든 것을 할 수 있게 되었다.

영화도 볼 수 있고, 게임도 할 수 있고, 쇼핑, 영상통화, 이메일, 책 읽기 등등 심심할 틈이 없다. 그래서 굳이 집을 나갈 일도 없고, 친구들과 만나서 얘기하는 것보다 편하게 집에서 하고 싶은 거 하면서 쉬는 게 좋다.

스마트폰이라는 새로운 문화와 환경을 접함으로써 긍정적이고 편리한 많은 부분도 많지만, 대화하는 게 어색하고 사람을 만나는 것 자체가 꺼려지는 등 거기에 따른 부작용도 적지 않다. 스마트폰만 없었더라면 우리 인간관계는 훨씬 아름답지 않았을까.

그래서 위치와 환경을 우리가 어떻게 이용해야 하느냐가 중요해진다.

"나쁜 사람은 없어, 나쁜 상황이 있는 거지."

영화 〈신과 함께: 인과 연〉에 나오는 대사이다.

남을 이기고 짓밟지 않으면 올라설 수 없는 상황, 그리고 그 상황에 어쩔 수 없이 해야 하는 판단과 행동들. 예상할 수 없는 많은 상황과 환경 속에서 그때그때 어떻게 대처하느냐에 따라 위치와 환경에 내가 지배당할 수도 있고, 지배할 수도 있다.

내가 어떤 직책을 맡았을 때나 어떤 상황에 처했을 때, 너무 당연하게 생각하지 말고 그 위치와 환경을 내가 어떻게 이용하는 것이 나에게 더 나을지 한 번쯤 생각해봤으면 한다.

누군가 그토록 바라던 자리이고, 누군가 그토록 바라던 상황일지 모른다. 매 순간을 소중히 여기고, 거기에 집중했으면 한다. 그러면 자연스럽게 주위에 좋은 사람들이 모여들 것이고, 그렇게 조금씩 내 인생이 달라질 것이다.

4장

사람에 지치지 말고 쿨하게 인맥을 넓혀라

꿈이 뭐예요?
아니, 혹시 꿈이 있나요?

우리는 언제부터 꿈을 잃어버렸을까?

A: "혹시 꿈이 뭐예요?"

B: "꿈이요? 글쎄요. 어릴 땐 돈 많은 게 꿈이었는데 지금은 꼭 그렇지도 않네요. 생각해본 적이 없는 것 같아요."

A: "혹시 꿈이 뭐예요?"

B: "돈 많은 백수요. 그게 모두가 바라는 공통된 꿈 아닌가요?"

A: "혹시 꿈이 뭐예요?"

B: "전 평범하게 사는 게 꿈이에요. 평범한 직장에 다니고, 평범

한 배우자를 만나서, 평범한 가정을 이루는 거요. 근데 그게 제일 어려운 거 잘 아시죠?"

A: "혹시 꿈이 뭐예요?"

B: "저는 작가가 되는 것이 제 꿈이에요. 그래서 어렸을 때부터 책도 열심히 읽고, 글쓰기도 시간을 내서 하고 있어요. 물론 신춘문예 같은 데도 도전해봤지요. 하지만 모두 떨어지고 말았어요. 이젠 자신감마저 상실해서 이게 진짜 내 길인가 싶어요."

A: "혹시 꿈이 뭐예요?"

B: "제 목소리로 많은 사람들에게 힘을 주고 싶어요. 그렇게 조금씩 제 주변이라는 작은 사회가 선한 영향력으로 가득 찼으면 좋겠어요. 그리고 나중에는 더 많은 사람들에게 선한 영향력을 줄 수 있는 강연을 하는 게 제 꿈이에요."

꿈이 뭐기에 그렇게 어릴 때부터 물어봤던 걸까? "넌 커서 뭐가 되고 싶니?", "장래희망이 뭐니?"라는 질문과는 다르게 "꿈이 뭐냐?"는 질문은 신기하게도 크면 클수록 대답하기 어려워졌다.

분명히 어릴 땐 되고 싶은 것도 많고 하고 싶은 것도 많았는데, 막상 어른이 되고 보니 왜 그때처럼 의욕이 나지 않고, 현실적인 제약이 많은지……. 지금 그때의 마음을 갖게 된다면 혹시 다시 열정에 불이 붙지는 않을까?

사회경제적 압박으로 인해 우리는 참 많은 걸 포기하며 산다. 연애, 결혼, 출산, 내 집 마련, 인간관계 등. 어떻게 보면 너무 당연하다고 생각하는 것들이 이젠 누구나 할 수 없는 그런 것이 되어 버린 것이 아닌가 싶다. 그렇게 따지면 우리는 포기한 게 아니라 포기 당한 건 아닐까?

무엇보다 가장 안타까운 것은 꿈과 희망마저 없다는 것이다. 꿈과 희망이라도 남아 있다면 아무리 많은 걸 포기했다고 하더라도 다시 일어설 수 있다. 하지만 꿈과 희망을 포기했다는 건 정말 큰 문제다.

꿈은 이룰 수 없는, 말 그대로 꿈이기에 꾸기만 해도 대견하다고 말할 수 있는 시대라고 해도 과언이 아니다. 어릴 적 순수하게 바랐던 세계평화와 우주정복이란 꿈이라도 아직 가지고 있다면 떳떳할 수 있을까? 도대체 언제 어디서부터 잘못된 걸까?

"넌 뭘 해도 참 잘할 거야!"

"나는 나로 인해 세상이 조금이나마 변할 것을 믿는다."

스물한 살 때 강연이라는 꿈을 품고 나서부터 내가 만든 내 좌우명이다. 세상을 바꾸겠다는 거창한 꿈이라기보다 내 주변의 사람들에게 조금씩 힘이 되어주고 선한 영향력을 주다 보면 내 주변이라는 작은 사회가 긍정적이게 변할 것이라고 생각했다. 그리고 그 작은 사회가 모여 세상이 조금이나 변할 것이라고.

어릴 적에는 그 꿈을 이루기 위해 정말 많은 활동을 하며 열심히 달렸다. 그런데 그 꿈도 막상 현실에 부딪히면서 주춤하게 되었다. 기계공학과를 재학 중인 내가, 달라도 한참 다른 강연을 하겠다고 했을 때, 부모님의 큰 반대가 있었다.

프리랜서이기에 고정적인 수입도 없고, 유명하지도 않은 내 얘기를 누가 들어주겠냐며 나무라셨다. 솔직히 반박할 수 없었다. 틀린 말이 하나도 없었기 때문이다. 그래서 더 화가 났다. 마냥 현실을 부정하고 무시할 수 없었기 때문이다.

그래서 대학을 졸업하면서 내린 결론은 직장을 다니며 내가 하고 싶은 것을 동시에 하는 것이었다. 그렇게 난 기계공학과 전공을 살려 최대한 나에게 맞는 생산관리직으로 취업을 했고, 직장을 다니면서 이것저것 하기 시작했다.

취업 전부터 하던 봉사활동과 아르바이트는 꾸준하게 했고, 상담도 한 달에 두세 건은 있었다. 하지만 직장을 다니면서 내 꿈이었던 강연을 준비할 엄두가 나질 않았다. 이미 익숙해진 생활에 한 번도 해보지 않았던 새로운 것을 시작하기란 쉽지 않았고, 그렇다고 직장을 그만둘 수도 없었다. 그래도 돈은 벌어야 했으니까 말이다.

역시 꿈은 꾸기만 해도 대견한 이 시대에 내 꿈도 자연스럽게 잊혀져 갈 때쯤 누군가 나에게 얘기했다.

"준식아, 넌 뭘 해도 참 잘할 거야."

솔직히 난 무언가를 하나 시작하면 정말 열심히 한다. 하지만 뭘 해도 잘할 거란 생각은 한번도 해본 적이 없었다. 그리고 이젠 나이도 들고 직장을 다니고 있었기에 무언가를 새롭게 시작할 열정조차 남아 있지 않았다. 그런데 친구가 그런 말을 하는 순간, 기분이 묘했다. 그리고 이런 생각이 들었다.

'몇 년 전만 하더라도 하고 싶은 일이 있으면 고민하지도 않고 시작했었는데, 난 그런 사람이었는데…….'

한참 이런 생각이 내 머릿속을 떠나지 않을 때, 13년을 알고 지내는 친한 친구가 또다시 이런 얘기를 해주었다.

"준식아, 내가 봤을 때 네 성격에 넌 돈은 언제든지 벌 수 있을 것 같아. 뭘 해도 잘해낼 성격이지. 그래서 난 지금 네가 더 가슴이 두근거리는 일을 했으면 좋겠어. 그게 결과적으로 눈에 보이든 보이지 않든, 성과가 어떻든, 그 안에서 넌 또 성장하고 배우면서 행복할 거야."

맞다. 난 항상 내 가슴이 두근거리는 일에 망설이지 않았다. 꿈을 이루기 위해 참 열심히 살던 내가, 너무 많이 변해 있었다.

늘 상담을 하고 도움을 주는데 익숙했던 내가 그때 주위의 많은 사람들에게 힘을 얻었다. 그리고 나서 난 봉사단 기획팀장을 2017년에 그만두고 강연기획단 창단을 준비했다. 나를 포함하여 총 세 명이 두 달 동안 정말 열심히 준비하여 2018년 2월 5일에 강연기획단 몽쉘's를 창단한 뒤, 2018년 5월 13일에 첫 강연을 성공적으로 진행했다.

난 받는 것보다 주는 데 익숙하다. 주는 게 더 마음이 편하고 받는 건 어색할 정도였다. 그런데 시간이 지나면서 내가 도움을 주었던 많은 분들이 나를 도와주셨다. 어쩔 수 없이 포기해야만 했던 강연이라는 내 꿈도 내 주변의 좋은 사람들이 있었기에 이룰 수 있었다.

난 그렇게 첫 번째 꿈을 이루고, 두 번째 꿈을 이루기 위해 지금 이 책을 쓰고 있다. 이 책으로 인해 많은 사람들이 힘을 낼 수 있길 바라고, 하고 싶었던 '그것'을 포기하지 않길 바란다.

취업 준비 vs 직장생활

20~30대 자식을 둔 베이비붐 세대의 부모들은 이렇게 얘기한다.

"너희는 내가 살던 때보다 훨씬 힘들게 살고 있다."

시장조사 전문기업 엠브레인 트렌드모니터가 전국 만 19~59세 성인 남녀 1,000명을 대상으로 설문조사를 실시한 결과, 78.1퍼센트가 "요즘 청년세대가 살고 있는 시대는 살아가기 어려운 시대"라는 주장에 동의했다. 그리고 경쟁이 지나치고 피곤한 시대에 살고 있다고 대답했다.

나도 2015년 중순부터 6개월 동안 취업 준비를 정말 열심히 했던 적이 있다. 영어 공부에 기업 공부, 시사상식, 이력서, 면접 등 해야 할 게 너무 많았다. 공부하는 것도 힘들었지만 1차 서류면접조차 붙지 않아서 할 의욕이 생기지 않았다.

스펙도 나름 쌓았고 열심히 준비하는데도 앞이 보이지 않았기 때문에 점점 자존감이 낮아졌다. 그래도 난 앞에서 얘기했듯이 선배에게 취업과 관련하여 많은 정보를 얻고 도움을 받으면서 결국 원하는 회사에 취업할 수 있었다. 물론 도움에 보답하기 위해서 훨씬 더 열심히 노력했었다.

그러나 취업했다고 끝이 아니었다. 취업을 하는 순간, 직장에서 또 다른 스트레스가 쌓이기 시작했다.

직장을 다니는 많은 사람들이 얘기한다.

"취업도 힘든데 직장생활은 더 힘든 것 같아요. 차라리 다시 취업 준비를 할까 봐요."

취업 준비를 할 때는 직장인이 부럽고, 직장을 다닐 때는 취업준비생이 부럽다. 그래도 평생 백수로 살 수는 없으니 일단 취업 준비에 목숨을 걸고 취업부터 한다.

인테크가 만들어준 취업 기회

공기업 취업을 준비하는 친구A가 있었다. 2년 동안 열심히 취업을 준비하던 친구라 어떻게든 도움을 주고 싶었다. 그런데 나는 사기업 취업 준비에 더욱 비중을 두어 사기업에 취업했기 때문에 도와주는 데 한계가 있었다.

그러다 문득 최근 공기업에 취업한 친구B가 생각났다. 그래서 그 친구에게 연락해 친구A의 취업 준비를 부탁하고 서로 인사시켜 주었다. 입사한 지 6개월이 채 안 되었기 때문에 어떻게 준비하면 되는지 자세히 기억하고 있었다. 무엇보다 좋았던 건 친구A가 목표로 하는 공기업이 최근에 취업한 친구B의 회사와 같았다는 것이다.

우선 나는 내가 자신 있는 면접을 최대한 많이 도왔다. 강연기획단을 운영하면서 면접을 100명 이상 본 적이 있기 때문에 면접관 입장에서 솔직하게 얘기해주었다.

면접 볼 때 답변은 어떤 식으로 해야 하는지, 예상치 못한 질문에는 어떻게 방어해야 하는지 등을 알려주었다. 그리고 친구A와 친구B는 꾸준히 서로 연락하면서 기업분석, 자기소개서 작성, NCS 등을 준비했다.

그렇게 면접까지 무사히 끝난 후 우리는 최종합격만을 기다렸고, 결국 '합격'이란 기쁨을 다 같이 누릴 수 있었다. 친구A는 나를 알게 되어 친구B를 알았고, 우리의 도움으로 그 어렵다는 공기업 취업까지 할 수 있었다.

직장생활, 스트레스 덜 받는 방법이 있다

어렵게 취업에 성공했다면 정말 고생 많았다. 그 힘든 고비를 잘 넘긴 당신에게 진심으로 축하의 말을 전한다. 하지만 어렵게 취업을 하고 나서 우리를 기다리고 있는 것은, 일보다는 인간관계가 어렵다는 직장생활이다.

회사를 다니다 보면 '또라이 질량 보존의 법칙'이라는 게 있는데 이건 언제 어디서나 일정 수의 또라이가 존재한다는 법칙이에요.
내 위에 상또라이가 있어서 팀을 옮기잖아요? 그럼 그 팀에도 똑같은 또라이가 있어요.
조금 덜 또라이다? 싶으면 대신 그런 놈이 여러 명 있어요. 회사를 옮겨 보면 거기에도 역시 똑같은 놈이 있어요. 예외는 없어요.
내가 이를 악물고 버텼더니 어느 또라이가 회사를 그만두는 기적이 일어날 수도 있지만, 그 자리에는 또 다른 또라이가 들어옵니다. 이게 또라이 질량 보존의 법칙이에요.
만약 "우리 회사에는 또라이가 없는데?" 싶으면 본인이 그 또라이……이시겠죠?

몇 년 전, 한참 인터넷에 이슈가 되었던 '또라이 질량 보존의 법칙'을 설명하는 글이다. 회사에 다녀본 사람이라면 누구나 공감하게 되는 그런 글이 아닐까 싶다. 내 나름대로 열심히 하고 최선을 다하는데 그것과는 별개로 이상하게 말이 전혀 안 통하고, 보기만 해도 싫은 사람이 있다.

회사를 다니다 보면 정말 다양한 사람들을 보게 된다. 하나를 가르치면 열을 알아야 한다고 말하는 상사도 있고, 친절하게 설명해주는 상사가 있다. 그런 예상하기 힘든 직장생활 속에서 그래도 덜 스트레스 받는 방법을 소개한다.

직장생활 속에서 스트레스 덜 받는 법

1. 직장의 누구든 상대의 눈을 바라보면서 상대가 들을 수 있도록 크고 밝게 인사하자. 인사는 사람들에게 좋은 인상을 심어줄 수 있는 가장 기본적이면서 가장 중요한 요소다.
2. 동료든 상사든 나와 잘 맞지 않아 처음부터 싫다고 못박으면 그때부터 스트레스 시작이다. 사실 이 부분이 제일 고치기 힘든 부분이다. 싫어하는 것도 습관이다. 더 싫어지기 전에 좋아하려고 노력하고, 먼저 다가가서 적극적으로 물어보자.
   "과장님은 주말에 보통 뭐 하세요?", "아이들이랑 어딜 자주 놀러 가세요?" 등등.
3. 상사가 시키는 일은 일단 하자. 방법이 비효율적이고 할 게 산더미라도, 해보고 나서 내 의견을 얘기하자.
4. 상사가 얘기했던 것은 모두 메모하고 시킨 일은 즉시 실행하자. 했던 말을 기억하지 못하거나 행동하지 않았을 때만큼 상사의 미움을 크게 살 때는 없다. 그것을 막기 위해서는 모든 것을 메모하고, 다 못 했을 때는 "그때 말씀하신 거 다음 주 월요일까지 드려도 괜찮을까요?"라고 상사가 묻기 전에 먼저 얘기하자.
5. 상사의 업무 처리 방식을 파악하고 존중하자. 오랜 기간 익숙해진 방식이기 때문에 절대 변하지 않는다. 그냥 받아들이자. 이해하려고 하면 나만 손해다.
6. 죄송할 때는 솔직하게 죄송하다고 말하고, 고마울 때는 진심으로 감사하다고 하자. 그리고 동료든 상사든 칭찬도 아끼지 말자. 칭찬에는 정말 놀라운 힘이 있다.
7. 여행을 다녀오지 않아도 가끔 초콜릿이나 음료수를 조금 일찍 출근해서 책상 위에 올려두자. 별거 아니지만, 괜히 사람 기분 좋아지게 하고 가깝게 만든다.

보면 알겠지만, 대부분이 상사와의 관계를 긍정적으로 만드는 방법들이다. 솔직히 나 같은 경우에도 직장생활 초기에 상사와 친해지기 위해 많이 노력했다. 위에서 말한 2번을 적용하여 일 얘기 외에 내 얘기를 먼저 하면서 다가갔다. 그러고 나서는 항상 상사였던 과장님에 관해서도 많이 물었다.

보통 아이들이랑 어딜 자주 놀러 가는지, 뭘 하면서 노는지 등을 물어보면서 가까워질 수 있었다.

그렇게 친해진 과장님은 내가 모르는 게 있으면 짜증을 내면서도 친절하게 가르쳐주셨고, 심지어 더 좋은 곳이나 가고 싶은 회사가 있으면 좀 더 젊을 때 이직하라며 늘 조언도 아끼지 않았다. 직장 상사가 이렇게 내 직장생활의 힘이 될 줄은 정말 상상도 못 했다.

분명 이 외에도 많은 방법들이 있겠지만, 솔직히 내가 직접 실천하고 다른 사람들도 실천할 수 있는 것만 골라서 소개했다. 물론 그래도 어려울 수 있지만, 최대한 방금 소개한 일곱 가지만은 꼭 실천하길 바란다. 그러면 그 힘든 직장생활 속에서 그래도 덜 스트레스 받을 수 있을 것이다.

취업, 솔직히 이젠 듣기만 해도 무섭고 어려운 단어다. 그 힘든 취업과 이직을 하기 위해 정말 많은 청년들이 노력하고 있다. 그런 청년들에게 주변을 잘 살펴보길 꼭 권하고 싶다. 우리 주변에는 내가 가려고 하는 길을 갔던 사람이나 그 사람을 아는 지인들이 생각보다 많다. 그들에게 당당하게 도움을 청하고, 원하는 회사에 취업하여 행복한 직장생활을 했으면 한다. 알게 모르게 그동안 인테크

했던 그 시간들이 나에게 정말 큰 도움이 될 것이다.

며칠 전, 3년 동안 임용고시를 준비하던 친구 광현이에게서 합격 소식을 전해 들었다. 그 누구보다 열심히 했고 최선을 다했는데, 두 번이나 최종에서 떨어지며 정말 힘들어 했다. 그러던 친구가 이렇게 당당히 합격 소식을 전하니 정말 자랑스러웠고 대견했다.

시간이 얼마나 걸릴지 모르고, 그 과정이 분명 고통스러울 수 있는 그 힘든 취업을 준비하고 있는 취준생들에게, 이젠 더 이상 듣고 싶지 않은 "힘내!", "다 잘될 거야!"라고 말하고 싶지 않다. 하지만 혼자 조용히 응원하고 있다고는 꼭 말해주고 싶다.

당당하게 자기 수저의 색깔 바꾸기

수저 계급론에 대하여

언제부턴가 수저의 색깔로 계급을 나누기 시작하면서 많은 사람들이 수저 계급론을 운운하는 시대가 됐다. '나' 자체를 평가하는 기준이라기보다는 '부모'가 '나'를 뒷받침해주는 능력에 따라 수저의 색깔이 결정된다.

금수저는 보통 고소득층에 속하는 상위 1퍼센트인 사람들을 얘기한다. 인터넷상에 은수저와 동수저, 흙수저를 분류하는 기준이 올라와 있기는 하지만 금수저를 제외하고는 그 기준이 제각각이다.

나는 은수저다. 기준표로 따졌을 땐 동수저일 수도 있지만, 내 생각은 그렇다. 그 이유는 주위에 정말 많은 친구들이 학자금 대출을 받는데 적어도 난 대학을 다니면서 학자금 대출을 받은 적이 없기 때문이다. 그것만으로 충분히 난 은수저라고 생각한다.

TV에서 서강대학교를 다니는 한 여대생도 나와 같은 얘기를 한 적이 있는데 백번 공감할 수 있었다.

우리 집은 아버지께서 작은 사업을 하신다. 아버지가 사장이고 어머니가 경리를 보신다. 그렇게 직원이 두 명이다.

나는 중학교 때부터 아버지 일을 도왔다. 특고압 전기 자재를 취급하시기 때문에 상당히 무거운 물건이 많아 일손이 필요할 때면 늘 나가서 도와드렸다.

해가 갈수록 불경기라지만 사업을 하는 집안에서 태어났다는 이유만으로 많은 사람들이 금수저로 생각하는 것이 싫었다. 그리고 일종의 '보험'이 있는 것 같아 난 더 악착같이 살려고 했다.

사실 내가 열아홉 살의 나이에 일찍 아르바이트를 시작했던 것도 그 이유에서였다. 난 스스로 빨리 돈을 벌고 모으고 싶었다. 그래야 경제적으로 독립할 수 있을 테니까 말이다.

아르바이트뿐만 아니라 모든 일에 최선을 다했다. 아니, 꼭 그래야만 했다. 하고 싶었던 일은 주저하지 않고 뭐든 경험했고, 학교생활 및 봉사활동, 대외활동 등을 하며 내 커리어를 쌓아나갔다. 나 혼자서도 뭐든 할 수 있어야 한다는 생각으로 실천했고, 내가 실천했던 분야에 대해서는 내가 만족할 때까지 노력하고 집중했다.

그렇게 난 내 나름대로 만족하는 커리어를 쌓았기에 아버지 회사로 가지 않고 원하는 회사에 취업하고, 아르바이트를 하며 내 나이에 1억이라는 적지 않은 돈을 모았다. 게다가 강연이라는 꿈까지 이룰 수 있었다. 그리고 퇴사하고 나서는 짧게나마 창업을 잠시 해 보았고 생각만 하던 책도 쓰고 있다.

1억을 모을 수 있었던 두 가지 방법

내가 이렇게 하고 싶은 일을 하면서도 사회 초년생으로 1억이란 큰 돈을 모을 수 있었던 데에는 나만의 두 가지 방법이 있었다. 그 방법을 모두와 나누고 싶다. 실제로 내가 해본 방법이니 믿어도 좋다.

인테크하면 재테크할 수 있다

책을 쓰는 것과 강연기획단 운영 외에는 모든 것을 내려놓은 지금, 나에게는 지금 여기까지 올 수 있도록 함께해준 사람들이 있다.

내가 가려는 방향과 같은 사람들을 찾아 함께 협력하며 일했고, 본인의 일과는 전혀 상관없는 주위의 많은 사람들이 나를 도와주기도 했다.

나의 20대를 뒤돌아봤을 때 20대를 대표하는 세 가지 일을 말하라고 한다면 봉사, 강연, 고깃집 아르바이트를 꼽을 수 있다.

2009년부터 2019년까지 내 20대를 장식해준 고깃집 아르바이트는 단순히 돈을 벌 수 있게 해준 수단만은 아니었다. 내 첫 사회생활의 시작이었기 때문이다. 기본적인 예절이나 배려를 배웠고, 열심히 일한 만큼 돈을 모으고 아껴 쓰는 습관도 기를 수 있었다.

그뿐만 아니라 함께 울고 웃으면서 많은 추억을 만들었고, 함께 아르바이트를 하며 가장 잘 맞았던 형, 동생들과는 8년째 만남을 이어오는 등 좋은 사람들을 얻기까지 했다.

그리고 아르바이트를 하며 가장 많이 싸우기도 하고 장난을 친 고깃집 과장님이었던 영민이 형도 이젠 나에게 없어서는 안 될 '내 사람'이 되었다.

솔직히 내가 중요하게 생각하는 가치관에서 결코 돈은 우선순위가 아니다. 어릴 때부터 스스로 돈을 벌기 위해 아르바이트를 시작했지만 오랫동안 꾸준히 해왔고, 주말에 나가서 사람들과 함께 일을 하는 건 나에게 정말 설레는 일이었다.

내가 좋아하는 사람들과 함께 일하며 돈을 벌 수 있었다는 것. 직장을 다니고 있었지만 주말이 기다려졌었다는 것. 그렇게 사람들과 소통하고 협력하며 즐겁게 인생을 살다 보니 어느새 나에게 적지 않은 돈이 모이게 되었다는 것이다.

우리는 인생에서 어쩔 수 없이 '돈'이라는 현실에 부딪히게 된다. 아무리 돈에 대한 욕심이 없다고 할지라도 누구도 일을 하지 않고 살아갈 순 없다. 서양 속담에 "돈은 쫓을 때는 도망가고, 필요 없다고 생각하면 따라와 자연히 모인다"라는 말이 있다.

직장 초년생인 내가 1억이란 큰돈을 모을 수 있었던 것은 그저 사람이 좋아서 사람에 투자하는 인테크를 했기 때문에 가능했다.

고깃집에서 아르바이트를 10년 넘게 할 수 있도록 늘 옆에 있어준 영민이 형, 강연기획단 몽쉘's를 창단하고 성장할 수 있도록 함께

해준 민호와 혜영이, 첫 직장생활을 잘 적응할 수 있도록 도와주신 안상민 과장님. 내 인생에는 항상 이렇게 나를 응원하고 도와주는 사람들이 있었다.

"혼자 꾸는 꿈은 그저 꿈에 지나지 않는다. 하지만 함께 꾸는 꿈은 현실이다."

영국의 세계적인 4인조 록 밴드 비틀스(The Beatles)의 멤버 존 레논(John Lennon)과 그의 배우자 오노 요코(小野洋子)가 했던 말이다. 혼자 하면 힘들지만, 함께한다면 불가능할 것 같은 일도 현실이 될 수 있다.

내가 흙수저는 아니지만, 나처럼 같은 꿈을 꾸고 있는 사람들을 찾아 소통하고, 내 주변의 사람들과 함께한다면 흙수저가 동수저, 은수저가 되는 것도 더 이상 꿈같은 얘기는 아니라고 생각한다.

한 방 말고 돈 모으는 습관을 들여라

내가 1억을 모을 수 있었던 또 다른 비결은 나만의 방법으로 돈을 모으고 관리한 것이다. 아무리 열심히 돈을 모으려고 해도 돈을 모으는 습관 및 소비하는 습관이 좋지 않다면 결코 돈은 모이지 않는다. 내가 돈을 모을 수 있었던 나만의 방법을 소개한다.

1. 통장을 '월급통장', '소비통장(카드 값이 나가는 통장)', '비상금통장', '자율적금통장' 등 네 개로 나눈다. 다만, 여기서 정기적금통장과 정기예금통장은 제외했다.

2. 소비통장의 카드는 반드시 체크카드로 만든다. 신용카드를 만들어야 혜택이 많다고? 그 혜택 받으려고 돈을 더 쓴다. 절대 금물!
3. 교통비, 보험비, 적금비용은 월급통장에서 자동이체시킨다. 그리고 남는 돈을 내가 한 달에 평균적으로 얼마 정도 사용하는지 확인한 뒤 그 돈보다 조금 적은 돈을 소비통장에 용돈 개념으로 넣는다. 그리고 남는 돈은 비상금통장으로 옮긴다.
4. 소비통장의 잔액이 부족할 때는 남은 일수를 보고 적당히 비상금통장에서 추가로 넣고, 소비통장에 돈이 조금 남는 달은 적당한 금액을 자율적금통장에 넣는다.
5. 보너스가 들어오는 날이나 예상치 못하게 들어온 돈은 자율적금통장과 비상금통장에 반반 넣는다.
6. 비상금통장은 절대 카드를 만들지 않는다. 평소에는 없는 돈이라고 생각하면 된다.
7. 소비통장에 용돈을 주는 이유는 내가 이번 달에 쓸 수 있는 돈은 정해져 있으니 잔액과 날짜를 보면서 나도 모르게 돈을 아껴 쓰게 된다. 이게 제일 핵심 포인트다.
8. 자율적금통장에 돈이 모이는 재미를 알게 된다면 평소보다 더 아껴 쓰게 된다.

이것은 내가 실제로 스무 살 때부터 10년간 정말 꾸준하게 실천했던 행동이다. 대학생 때도 이렇게 해서 1,000만 원 가까이 돈을 모았던 적이 있다. 사실 돈 모으는 것은 습관이 되지 않으면 말처럼 쉽지 않다. 그래도 위에서 제시한 방법을 조금씩 실천하다 보면 조금씩 돈이 모일 것이라고 생각한다.

안타까운 얘기지만, 고깃집에서 함께 일했던 영민이 형이 2018년에 교통사고가 나면서 1년 가까이 식물인간으로 살았다. 그리고 2019년 7월 12일에 안타깝게도 세상을 떠나고 말았다. 내 20대의 한 획을 그었던 고깃집 아르바이트에서 가장 친하게 지내고 의지했던 형이 먼저 내 곁을 떠나게 된 것이다.

힘들어도 힘든 내색 한 번 하지 않고 내가 계속 일할 수 있게 도와주었던 영민이 형. 이 기회를 빌려 고마웠다고 얘기하고 싶다. 그곳에서도 형이 항상 웃으면서 잘 지냈으면 한다.

사람에 지치지 않는 세 가지 이유

웃고 다니면 만만해 보이나요?

열심히 원고작업을 하고 있던 새벽, 메시지를 주고받던 후배가 불쑥 이런 얘기를 했다.

"어른이 되니깐 사람들이 다 날을 세우고 있는 것 같아. 기분이 좋지 않아. 그냥 마냥 웃고 행복해도 될 것 같은데 말이야. 웃고 다니면 바보인 줄 알고 무시해."

정말 화 한 번 안 내고 항상 웃기만 하는 후배였는데 갑자기 이런 말을 꺼냈다.

나도 성인이 되고 정말 많이 했던 생각이다. 학창시절에는 친한 친구들이랑 마냥 웃으면서 이것저것 따지지 않고 잘 지냈던 것 같은데 스무 살이 되고 어른(?)이 되면서 생각보다 많은 사람들이 앞과 뒤가 달랐다.

솔직히 좋은 게 좋은 거라고 그런 거 신경 쓰지 않고 나만 잘하면 되고, 내가 긍정적이면 상대방도 나를 그렇게 대할 것이라고 생각했다. 하지만 내 생각과는 다르게 간혹 나를 만만하게 보는 사람이 있었다. 그래서 난 그때를 떠올리며 후배에게 이렇게 얘기했다.

"내 생각을 떳떳하게 얘기하지 않으면 진짜 날 우습게 생각하더라고. 내가 잘나거나 성공하진 못하더라도 절대 바보 소리는 듣지 않아야지. 그래서 그냥 어디서든 당당했으면 좋겠어. 그렇게 당당하더라도 내 옆에 있는 사람들은 항상 거기 있을 테니깐 말이야. 나처럼."

이렇게 얘기를 해주고 나서 이런 답장이 왔다.

"아주 바보 선배구만! 일기에 적어놔야지. 기분 좋아졌다. 고마워, 선배."

고마운 표현을 '바보'라고 하는 일곱 살 어린 후배가 너무 멋있었고, 덕분에 나도 지금 내 인간관계를 다시 되돌아볼 수 있었다.

사람을 정말 좋아하는 나였기에 사람에게 받은 상처는 그 어떤 것보다 쉽게 아물지 않았다. 내 기분보다 상대방의 기분이 먼저였고 늘 맞춰주려고 했다. 하지만 내 생각을 당당하게 말하기 시작하면서부터 사람 때문에 상처받는 일은 많이 줄어들었다.

그리고 무엇보다 늘 내 옆에서 나를 응원해주는 사람이 있다는 것을 깨닫는 순간, 지친 인간관계를 회복할 수 있었다.

내가 사람에 지치지 않는 이유

2019년 1월 5일 토요일

오늘은 약속만 세 개다. 친구 결혼식, 제주도 여행 일정 짜기 모임, 초등학교 동창회.

두 사람의 앞날을 축복해주기 위해 결혼식도 가야 하고, 지루한 일상에 설렘을 주기 위한 여행 계획도 짜야 하며, 오랜만에 보는 초등학교 동창 친구들과 술 한잔도 해야 한다.

그렇다. 나는 바쁜 사람이다. 하루라도 약속이 없으면 뭔가 허전하고, 무료하게 느껴진다. 여러 활동을 하며 사람을 만나고 많은 인맥을 쌓아왔기 때문에 이런 생활이 익숙하다. 그러나 이렇게 바쁜 생활로 인해 좋지 않은 일도 많았다.

친구들이나 가족들이 급하게 번개로 모이자고 하면 갈 수 있는 경우가 거의 없었다. 미리 약속하지 않으면 만나기 힘들었다. 내가 연예인도 아닌데 말이다. 그렇게 자주 참석을 못 하다 보니 사람들은 이렇게 말했다.

"준식이, 너는 항상 바쁜 것 같아서 약속 있을까 봐 연락 안 했다."

나는 당연히 바쁜 사람이고, 그래서 모임에 갈 시간조차 없는 사람이 되어 버린 것이다. 적어도 기존에 있는 내 사람들은 잘 챙겨야 했는데 너무 소홀했다.

내 주위엔 정말 괜찮은 사람이 많다. 그 괜찮은 사람들이 나 또한 괜찮은 사람이라고 생각할 수 있게 좀 더 최선을 다해야겠다.

2019년 1월 5일에 썼던 일기이다. 늘 바쁘게 살던 내가 자주 놓치는 것을 일기에 적어 놓았다. 다른 일기를 봐도 마찬가지지만 나는 늘 사람을 만나는 약속이 있고, 집에 있는 날이 거의 없었다.

나는 수많은 사람들을 만나며 인테크에 투자했다. 그 사람들로 인해서 힘든 시기를 이겨낼 수 있었고, 내가 하고자 하는 일을 이뤄낼 수 있었다.

'여유'가 없는 우리가 가장 놓치기 쉽고, 요즘 많은 사람들이 포기하는 것이 바로 사람이자 인테크다.

학교나 직장에서 매번 사람들과 함께 지내고 부딪히기 때문에 굳이 더 계속 사람을 만나면 스트레스를 받거나 지칠 수도 있다.

사람들은 나에게 이렇게 묻는다. 매번 사람들 얘기 듣는 것이 질리거나 재미없지 않느냐고. 그 정도 만났으면 이제 지칠 때가 되지 않았냐고 말이다.

아예 지치지 않는다고 한다면 거짓말이겠지만, 난 잘 지치지 않는다. 내가 사람에 지치지 않는 이유는 다음 세 가지 때문이다.

내가 어떤 성향이고, 어떻게 스트레스 풀지 잘 안다

앞에서 얘기했듯이 나는 외향적인 성격이다. 그래서 사람들과 함께 어울리며 노는 것이 나에겐 쉬는 것이다. 스트레스가 있을 때는 사람들과 전화를 하거나 대화하면서 스트레스를 해소하는 편이다. 반면에 내향적인 성격의 사람들은 사람을 만날 때는 즐거울지 몰라도 집으로 돌아가면 크게 피곤함을 느낀다. 그래서 혼자만의 시간을 가지며 휴식을 취해야 한다.

내가 어떤 성향이며 어떻게 스트레스를 풀면 되는지 알고 있다면, 자신에게 부담스럽지 않을 정도의 적당한 약속을 잡을 수 있다. 그리고 자신이 사람들을 만나면서 어떻게 행동하면 되는지 알 수 있다.

나와 잘 맞는 사람을 금방 파악할 수 있다

나는 나와 잘 맞는 사람과 그렇지 않은 사람을 금방 알아볼 수 있다. 그래서 잘 맞지 않을 것 같으면 적당히 인사만 나누고 자리를 옮긴다. 그리고 나와 잘 맞는 사람과는 속 깊은 긴 대화를 나눈다. 이런 태도에 익숙해지다 보면 사람들과 대화하면서 받는 스트레스가 현저히 줄어들 것이다. 귀한 시간을 굳이 맞지 않는 사람과 보낼 필요는 없다. 그건 서로에게 결코 좋지 않은 일이다.

적당한 거리를 유지한다

아무리 친한 사이라 하더라도 거리를 유지하는 것은 상당히 중요하다. 너무 깊숙이 들어가면 오히려 거부감이 들 수도 있다. 너무 멀어져도 안 되지만 적당한 거리를 유지하는 것이 부담스럽지 않게 서로를 배려하는 태도이다.

내가 마음을 열었는데 상대방은 열지 않았더라도 상처받지 말자. 관계에서 거리 조절은 혼자 하는 것이 아니라 함께하는 것이다.

음식도 그렇고, 물건도 그렇고, 행동도 그렇다. 무언가 꾸준히 하거나 대하다 보면 싫증이 나고 질리기 마련이다.

사람도 마찬가지다. 학교를 다니고 직장을 다니다 보면 사람에 지칠 때가 꼭 한 번쯤은 온다. 매일 만나는 사람에 지치거나 믿었던 사람에게 실망하게 되더라도 너무 힘들어하지 말고 사람을 포기하지 말자.

주변에는 나를 필요로 하는 사람과 나와 잘 맞는 사람들이 너무나도 많다. 그런 사람들로 가끔 지치게 될 내 인간관계를 회복하자.

내 인생인데?
Who Cares?

'인태기'를 어떻게 할 것인가?

지금은 오후 11시 40분. SNS를 보던 중 치킨 사진이 올라온 것을 보고 말았다. 점심을 늦게 먹어 저녁을 간단히 바나나 하나로 해결했기에 심히 배가 고팠던 참이었다. 요즘 워낙 핸드폰 카메라 화질이 좋아서 그 치킨 사진은 내가 치킨을 먹을 수밖에 없게 만드는 비주얼이었다. 그래서 나는 과감히 치킨을 시켰고 조금 있으면 사진으로만 보던 그 맛있어 보이는 치킨을 먹을 수 있다.

'인태기'라는 단어가 있다. '인생'과 '권태기'의 합성어로 '삶이 권태로운 상황'을 의미하는 단어이다. 내 인생, 내 삶에 권태기가 온 사람들이 그 권태로움을 극복하기 위해 많은 노력을 한다. 그중에 가장 대표적인 예가 바로 내가 조금 전에 시킨 치킨 같은 맛있는 음식을 먹는 것이다. 뭘 해도 재미가 없고 금방 질리는 나를 위해 맛있는 음식을 선물하는 것이다. 요새 흔히 말하는 '먹방'이다.

먹방 외에도 여행, 운동 등으로 일상의 무료함을 달래보기도 한다. 나 같은 경우는 사람들과 이야기를 하거나 여행을 간다. 여행 갔을 때의 그 짜릿함은 이루 말할 수 없고, 준비하는 과정마저 설레고 행복하다.

하지만 이런 방법은 하는 동안에만 유효할 뿐 내 삶에 근본적인 큰 동기부여가 되기는 어려운 것이 사실이다.

내 삶에 크고 작은 동기부여를 하다

나도 강연이라는 꿈을 이루고 나서 인태기가 왔던 적이 있다. 직장도 있고 내가 원하는 꿈도 이루었지만 다른 친구들과 비교했을 때 뭔가 부족한 느낌이 들었다.

사업을 해서 돈을 많이 벌고 있는 친구, 외제 차를 타는 친구, 방송한다며 BJ가 된 친구들을 보면 내가 왠지 보잘것없어 보였다.

그러다 하루는 BJ 하는 친구를 만났다. 그는 해외에 살다 와서 영어도 아주 잘하는 친구였다. 그리고 드럼을 가르친 적도 있고, 모델로 활동하기도 했다. 최근에는 사업까지 잘되면서 승승장구하고 있었다. 그런데 직원 문제로 어쩔 수 없이 회사를 정리하게 되었고, 그러고는 뜬금없이 방송을 한다고 했다. 좀 많이 놀라긴 했지만, 충분히 잘하고 있는 것 같았다.

다른 재능도 많은데 왜 하필 BJ를 하게 되었냐고 물었더니, 충분히 조사한 뒤 준비를 했고 한번 해보고 싶었던 거라고 했다. 준비한다고 있는 돈을 다 쓰긴 했지만, 재밌게 하다 보면 돈도 자연스럽게 모이지 않겠냐고 웃으면서 나에게 말했다.

그 친구를 보면서 많은 생각이 들었다. 자기가 좋아하면서 잘할 수 있는 일을 가리지 않고 열심히 시도하는데, 나는 내가 가지고 있는 것에 감사할 줄 모르고 한탄만 하고 있었던 것이다.

그 모습에 자극받은 나는 그때부터 내 주위에 있는 친구들을 바라보는 '시선'이 달라졌다. 오히려 친구들의 좋은 소식은 나에게 더 큰 자극제가 되어 내가 하고자 하는 일의 방향을 정확하게 잡을 수 있도록 해주었고, 사소한 행복을 실현할 수 있게 해주었다.

친구들의 여행 소식은 내가 다음 여행을 잡을 수 있는 계기가 되었고, 정말 맛있어 보이는 음식 사진은 주말에 내가 먹을 추천 메뉴가 되었으며, 오글거리면서도 다정한 커플 사진은 나도 좋은 사람을 만나 꼭 저렇게 사진을 올려야겠다고 다짐하게 만들었다. 그렇게 인테크는 내 삶에 크고 작은 모든 일들에 긍정적인 동기를 부여할 수 있게 해주었다.

나다운 인생을 산다는 것

때로는 나처럼 가까이에 있는 친구들이 잘된 경우를 봤을 때 괜히 내가 하고 있는 일에 회의감을 느끼고 스트레스를 받기도 한다. 그러나 유명한 사람과 성공한 사람을 보면 오히려 그들의 행동을 따라 하게 된다.

물론 내가 가려는 길을 간 사람들을 따라 하는 건 참 좋은 방법이다. 그러나 따라 하기 이전에 내 기준은 확실히 있어야 한다.

드라마 〈안녕 드라큘라〉에서 종수(오만석)와 서연(이주빈)이 이런 대화를 나눈다.

종수: "자, 치킨 vs 피자, 피자 vs 치킨. 오늘 밤 우리 영혼까지 살 찌워 줄 야식을 딱 하나만 고르라고 한다면 뭐?"

서연: "물어 뭐 해요. 치킨이죠."

종수: "전 무조건 피자거든요. 그렇다고 내가 피자 먹는다고 서연 씨 나 싫어하실 거예요?"

서연: "아니요. 뭘 그렇게까지……."

종수: "그러니깐. 치킨이랑 피자가 무슨 죄냐고요. 각자 먹고 싶은 게 다른 건데. 서연 씨는 서연 씨가 제일 먹고 싶어 하는 거 골라서 먹으면 되죠. 대신 후회 없기. Who Cares?"

서연: "Who Cares……."

정말 인상 깊었던 대화였다. 치킨이나 피자 중 어떤 것을 먹는다고 해서 그 누구도 나에게 뭐라고 할 사람은 없다. 단지 내가 맛있게 먹느냐 안 먹느냐가 중요하다는 것이다.

"Who Cares?(무슨 상관?)" 나만 후회 없다면 다른 사람의 의견은 전혀 상관없다.

내가 비록 꿈은 없더라도 누군가를 마냥 따라 하기보다는 하고 싶은 일을 하면서 내 인생을 살았으면 한다. 다른 사람에게 보여주기 위한 그런 과시된 인생이 아닌, 있는 그대로의 내 모습을 보여주면 좋겠다.

맛없는 피자도 한 조각쯤은 먹을 수 있다. 하지만 다른 사람들 때문에 일부러 꾸역꾸역 더 먹을 필요는 없다. 내가 아닌 다른 모습으로 칭찬받는 것에 익숙해진다면 결국 평생을 남들에게 보여주기 위한 삶을 살아야 할지도 모른다.

내 인생은 주변에 나와는 다른 사람들 각자의 인생이 있기에 더 빛나 보일 수 있다. 그렇다. 인테크는 내 인생을 더 특별하게 만들어 주는 것이 분명하다.

"긴장하면 지고, 설레면 이긴다"라는 말이 있다. 이 책을 읽고 있는 모두 하루하루가 설레는 나다운 인생을 살기 바란다.

'도전'하지 말고,
그냥 '하고 싶은 일'을 하라

내 사전에 '도전'이란 없다

민주공원 자원활동가, 대학생 리더십 아카데미 참가, 레크리에이션 MC, 우수자원봉사자 선정, 우리봉사단 기획팀장, 부산 최초 플래시몹 투어, 부산대외활동 인터뷰, 라디오 시민세상 라디오 출연, 051FM 라디오 출연, 특허 출원, 강연기획단 몽쉘's 창단, 사랑·연애·행복 강연, 토크쇼 진행, 취업, 퇴사, 라이프 코칭 및 상담, BSW Bounce 2019 참가, 교육 프로젝트 기획회사 창업, 책쓰기.

이 외에도 많지만, 서른 해 동안 살면서 했던 활동 중에 인상 깊었던 것만 적어봤다. 아마 가장 부러운 것이 퇴사(?)이지 않을까 싶다. 모든 직장인의 꿈일 테니 말이다. 드디어 내가 오랫동안 꿈꾸던 일을 하기 위해 퇴사했던 그날은 내 인생에서 가장 행복했던 순간 Top5 안에 항상 자리 잡고 있을 것이다.

내 나이 서른에 이것저것 많이 해봤던 것 같다. 물론 99퍼센트를 20대에 했다. 열여덟 살 때 봉사활동을 시작으로, 스물한 살의 어린 나이에 레크리에이션 MC도 해보고, 2016년에는 올해의 우수자원봉사자로 선정되었다. 부산 최초로 부산투어 플래시몹을 하며 네이트 동영상 7위까지 오르기도 했고, 특허를 네 건이나 출원하기도 했다.

하고 싶었던 창업을 했다가 망하기도 했고, 7년을 준비하여 꿈이었던 강연을 했으며, 지금 이렇게 책도 쓰고 있다. 뿌듯하다. 할 때는 몰랐는데 지나고 보니 생각보다 뭘 많이 했고, 이 활동들은 나에게 많은 교훈을 주었다.

그러나 어떤 일이든 단 한 번도 도전이라 생각하고 시작한 적이 없다. 내 사전에는 '도전'이란 단어가 없었다. 나는 무언가에 '도전' 했던 것이 아니라 꾸준하게 '하고 싶은 일'을 실천하면서 살았다.

도전이란 말 뒤에는 항상 성공과 실패가 따른다. 여기서 많은 사람들이 바로 이 '실패'가 두려워서 도전에 머뭇거리고 주저하게 된다. 그래서 다들 도전이 어렵다고들 한다. 아직 경험하지 못한 새로운 일에 "일단 도전하라"라는 말도 어떻게 보면 너무 무책임한 말이 아닌가 싶다.

그러나 도전과 달리 '하고 싶은 일'은 하고 나서 그 일이 잘되면 당연히 기분이 좋고, 잘 안 되었을 경우에는 조금 아쉬울 뿐이다. 결코 실패한 것이 아니라 말 그대로 그냥 좀 잘 안 됐을 뿐이다.

그래서 나는 계속 실패하라고 얘기하고 싶지 않다. 실패를 통해 성장하고 실패가 성공의 원동력이라고 하지만, 그게 말처럼 쉽지 않다. 여전히 실패라는 단어가 무섭고 부담스러운 것이 사실이다.

시작이 어렵고 두려운가? 그냥 내가 하고 싶은 일 한다는데 누구한테 허락받을 필요도 없고 걱정할 필요도 없다.

하고 싶은 일에는 거창한 시작이란 없다. 가고 싶은 여행을 준비하는 것처럼 설레는 마음으로 시작하면 된다.

이제 더 이상 우리 인생에 실패란 없다. '도전'하지 말고 그냥 '하고 싶은 일'을 하면서 내 인생을 조금씩 채워나가다 보면 '진짜 내가 해야 하는 일'을 찾을 수 있을 것이다.

하고 싶은 일을 한다는 것

어릴 때부터 이런 말 참 많이 들었다.

"하고 싶은 일 하면서 살아."

"네가 좋아하는 일을 하면서 살아야 행복해."

그런데 막상 그 하고 싶은 일을 하려니깐 돈 많이 든다고 말리고, 돈 많이 못 번다고 말리고, 해도 성공하기 힘들다고 말린다.

좋아하는 일을 찾으려면 일단 해봐야 하는데 안 되는 이유가 뭐가 그렇게도 많은지……. 일단 공부부터 하라고 한다.

솔직히 나 같은 경우도 내 성격이 그냥 무디고 수동적이었다면 그저 그런 대로 살았을 텐데 내가 좋아하지도 않는 걸 하면서 사는 건 상상도 하기 싫었다.

문제는 아직 어린 내가 이런 생각이 드는데 나중에 나이가 들면 더 후회할 것이라고 생각했다.

그래서 차라리 돈은 좀 못 벌지라도 '내가 하고 싶은 거 하면서 사는 게 낫겠다' 싶었다. 나도 직장 다니면서 돈도 많이 모으고 남들이 부러워하는 것을 조금 이루기도 했지만. 그게 다가 아니었다.

요즘 100세 시대라고 한다. 인생을 시계로 비유했을 때 서른 살인 난 겨우 새벽 7시 12분밖에 되지 않았다. 겨우 눈을 떠서 오늘은 무엇을 할지 생각할 시간이라는 것이다. 아직 눈을 뜨지 않았을 수도 있고.

내가 하고 싶은 거 하려면 부모님도 그렇고, 현실적인 문제도 그렇고 많은 난관이 있는 것은 사실이다. 하지만 한 번쯤 부딪혀보면서 내가 내린 결정에 떳떳해졌으면 한다. 적어도 후회는 하지 않도록 말이다.

5장

성공적인 인테크를 위한 모임 운영 노하우가 있다

트레바리 같은 모임들이 영향력 있는 시대

주 52시간 근무제로 생긴 저녁시간

청년들과 관련된 정책을 소개해주는 청년정책사용설명서와 잡코리아가 성인 남녀 2,927명을 대상으로 '좋은 청년 일자리 현황'에 대해 설문조사를 실시했다. 그 결과에 따르면, 58.9퍼센트가 '일과 삶의 균형을 맞출 수 있는 일터'를 좋은 일자리라고 대답했다. 그리고 '급여·성과금 등 금전적으로 만족스러운 곳'이 그 뒤를 이었다. 즉, 워라밸이 좋은 회사가 다니고 싶은 1순위 회사라는 것이다.

2018년 7월부터 주 52시간 근무제가 시행되면서 직장인들의 저녁에는 여유가 생겼다. 직장 일을 마치고 늦은 시간에 집으로 가기 바빴던 사람들에게 '밤'이 아닌 '저녁'이란 시간이 생기면서 여가활동을 찾기 시작했다. 그러면서 많은 사람들이 자신이 선호하는 강좌나 모임에 참가하고 다양한 사람들을 만나 유용하게 시간을 보내고 있다.

그중 가장 대표적인 것이 트레바리, 소모임, 문토이다. 돈을 내는 유료회원 가입을 하여 사람들과 만나 독서를 하면서 의견을 나누기도 하고, 평일에는 일이 끝나자마자 늦지 않도록 모임에 달려간다. 그리고 내가 원하는 모임이 있으면 직접 모임을 만들기도 한다. 혼자 할 수 있음에도 사람들은 굳이 새로운 사람들과 모여 함께 즐기고 '나'를 보여준다.

점점 독서모임이 많아지고, 쉽고 빠르게 배울 수 있는 원데이 클래스가 늘어나고 있다. 왜 이렇게 많은 모임들이 만들어지고, 왜 그 모임에 꾸준히 참가하는 걸까?

삶을 윤택하게 만드는 다양한 모임들

요즘은 모임 중에서도 독서모임이 가장 인기가 많다. 자유롭게 읽고 싶은 책을 가져와 조용히 읽기만 하는 모임도 있고, 한 달에 한 권씩 책을 선정하여 읽은 뒤 토론을 하기도 한다. 이런 독서모임 중 가장 인기가 많은 곳이 바로 '트레바리'이다.

트레바리는 '세상을 더 지적으로, 사람들을 더 친하게'라는 방향성을 가진 독서모임 기반 커뮤니티 서비스로 오직 트레바리 회원만을 위한 독서모임 전용 빌딩까지 가지고 있다. 지금까지 5년 동안 3

만 6,000명의 사람이 다녀갔고 7,500개의 클럽이 개설되었다.

현재 트레바리 모임에 정기적으로 다니고 있는 한 회원이 이렇게 얘기했다.

"다 커서 공부 안 해도 되는 학교 다니는 기분이에요. 전교생은 몇 천 명이고, 우리 반에 나랑 비슷한 관심사를 가진, 완전 다른 직업의 사람들이 있어요."

자기가 원하는 클럽에 신청하고 관심사가 비슷한 사람들이 모이지만, 전혀 다른 일을 하고 있는 사람들이다. 그래서 다양한 경험담과 평소에 들을 수 없는 가지각색의 이야기를 들을 수 있고, 함께 친해질 수도 있다.

그리고 정말 매력적인 것은 자신이 생각하던 것과는 전혀 다른 세상을 맛볼 수 있는 흥미진진한 만남을 정기적으로 할 수 있다는 것이다. 물론 이보다 좋은 점은 더 많겠지만 이런 이유로 많은 사람들이 20만 원이 넘는 4개월 유료 회원권을 사면서까지 모임에 오는 것이 아닐까.

2012년에 등록되었지만, 여전히 많은 사람들이 사용하고 있는 오프라인 동호회 앱 서비스인 '소모임'도 인기가 많다. "소모임 앱에서 200만 워라밸 크루와 함께 소확행을 시작하세요"라는 슬로건을 내건 소모임은 2018년 200만 다운로드를 기록하며 2030세대를 타깃으로 많은 사람들이 사용 중이다.

소모임은 모이는 장소가 정해져 있거나 건물이 따로 있는 것이 아니라 전국에 있는 모임장이 알아서 장소와 시간을 정한다. 모임에는 사교, 스터디, 번개모임, 창업, 요리, 어학, 재테크, 여행, 앱 개발 등 정말 분야를 가리지 않고 다양한 모임들이 개설되고 있다. 매주 1,000개의 오프라인 정모가 개설되는 것을 보면 사람들이 얼마나 다양한 경험을 하고 여러 사람들을 만나고 싶어 하는지, 그리고 끊임없이 자기계발을 하려고 하는지 알 수 있다.

나도 소모임 앱을 통해 볼링 모임을 시작했었다. 순수하게 볼링이 좋아서 시작했는데 모임에 들어가 보니 사람들이 정말 좋았다. 그래서 6개월 동안 꾸준하게 활동했는데, 강연기획단 창단을 위해 할 수 없이 그만둘 수밖에 없었다. 그때 만났던 볼링 모임 사람들 중 몇몇은 아직도 가끔 연락하여 만나기도 하고, 고맙게도 내 강연을 보러 와주기도 한다.

마지막으로 소개하고 싶은 모임 '문토'는 '취향이 통하는 사람들의 모임'을 슬로건으로 새로운 사람들과 함께 취향으로 소통하며 내 안의 또 다른 가능성을 발견하는 '소셜 모임 공동체'이다.

문토 역시 분야를 가리지 않고 정말 다양한 모임들이 진행된다. 게다가 문토는 전문가 리더가 모임을 준비하기 때문에 사람들은 돈을 지불하고 참여만 하면 된다. 그리고 트레바리처럼 문토 전용 장소가 있기 때문에 모든 모임이 전용 장소에서 진행된다.

트레바리, 소모임, 문토 외에도 정말 많은 모임이 있다. 그리고 지금도 많은 사람들이 더 새롭고 개성 있는 모임을 만들기 위해 끊임없이 노력하고 있고, 우리는 생활을 더 윤택하게 만들기 위해 그런 모임을 열심히 찾고 있다.

모임 덕분에 하고 싶은 일을 평생 할 수 있게 되다

나는 소모임 앱을 참가하는 용도로만 썼다. 그런데 내 주위에는 모임장이 되어 모임을 진행한 지인들이 몇 명 있다. 그중에 미술을 전공해서 미술 관련 클래스를 진행하는 후배가 있었다.

그는 봉사단에서 알게 된 후 가깝게 지내는 사이였다. 사범대에서 미술교육과를 전공한 후 부산의 한 미술학원에서 아르바이트를 하면서 소모임으로 2년 가까이 미술 관련 원데이 클래스를 진행하고 있었다.

그러나 미술학원이 문을 닫으면서 새로운 일자리를 찾아야 했다. 하지만 쉽게 구해지지 않았다. 결국 현실적인 문제로 인해 본가가 있는 창원으로 다시 가게 되었다. 창원도 역시 미술과 관련된 일자리를 구하기 힘들었다. 결국 그는 전공과 무관한 일을 하기 시작했다. 그래도 꾸준히 소모임은 진행했다.

하지만 전공과 무관한 일을 하다 보니 새로운 일을 배우는 스트레스와 인간관계에서 오는 압박감이 너무나 컸다. 그래서 1년간 직장을 두 번이나 옮기면서 본인과 맞는 직장을 찾으려 했으나 쉽지 않았다.

그런 후배에게 드디어 기회가 왔다. 창원에 괜찮은 미술학원을 저렴하게 내놓은 분이 있었던 것이다. 후배는 바로 찾아가서 계약했고, 학원 인수 후 3일 만에 학원을 운영하게 되었다.

나는 많이 놀랐다. 어떻게 학원 인수 후 3일 만에 학원을 시작할 수 있었을까? 그 비결은 바로 소모임을 하면서 꾸준히 미술활동을 하고 있었기 때문이다. 지금 그는 창원에서 '그림이 좋은 아이들'이라는 학원을 잘 운영하고 있고, 부산과 경남 지역 사람들을 대상으로 여전히 소모임을 운영하고 있다.

누군가는 단순히 취미로 모임을 만들고, 또 다른 누군가는 새로운 경험을 하기 위해 모임에 가입한다. 그런 모임은 반복적인 일상에서 새로운 무언가를 할 수 있는 기회를 제공할 뿐만 아니라 새로운 사람들과 함께함으로써 다양하고 새로운 세계를 경험할 수 있게 해준다.

때로는 가볍게 시작했던 모임이 내가 하고 싶은 일을 평생 할 수 있도록 다리를 놓아주기도 한다.

한 사람을 한 권의 책으로 본다면 우리는 모임에 나감으로써 정말 다양한 장르의 책을 접하게 되고, 그 책에 대한 설명까지 듣게 된다. 책을 지은 작가가 직접 자신의 책에 관해 설명해주는 것만큼 설레는 일이 어디 있겠는가.

사람들이 모이는 데는 반드시 이유가 있다. 지금부터 내가 평소 하고 싶어 했던 활동과 모임을 당장 찾아보고, 자신 있게 참가하여 얼마나 좋은지 한 번 경험해보자.

모임을 성공으로 이끄는 다섯 가지 조건

하루에도 수백 개, 수천 개의 크고 작은 모임들이 만들어지고 사라진다. 모임을 만들 때는 정말 큰 기대와 열정을 가지고 시작하지만, 시간이 지나면서 생각보다 쉽지 않은 모임 운영에 그 열정은 점점 사그라진다. 그리고 언제 모임을 만들었냐는 듯이 자연스럽게 사라지고 만다.

모임을 만들지 않고 참여만 하는 경우에도 생각과 다른 모임의 분위기나 사람, 프로그램 등 여러 가지 이유로 도중에 나오는 일이 허다하다.

나도 참 많은 모임 및 단체에 참가하고 운영을 했다. 그리고 지금도 여전히 다수의 모임을 정기적으로 하고 있다. 지금 하고 있는 모임은 이미 자리를 잡고 짧게는 1년, 길게는 10년까지 꾸준하게 해오고 있지만, 잘되지 않았던 모임도 적지 않았다.

여러 시행착오를 겪으면서 그중에서도 내가 정말 중요하다고 생각하는 성공적인 모임을 만들어주는 조건 다섯 가지를 소개하도록 하겠다.

모임의 목적이 뚜렷해야 한다

모임의 목적이 뚜렷하지 않으면 모임이 유지되어야 할 명확한 이유를 찾지 못하기 때문에 결코 오래가지 못한다. 여기서 뚜렷한 목적의 기준을 많은 사람들이 착각하고 있다. 내가 운영하는 몽쉘's를 예를 들어보겠다.

몽쉘's는 강연 및 강연기획을 하는 단체이다. 여기서 대부분의 사람들이 강연을 하는 게 몽쉘's의 목적이라고 생각한다. 하지만 절대 그렇지 않다. 강연은 우리 단체가 속한 일종의 카테고리이자 유형일 뿐이다.

내가 몽쉘's를 만든 진짜 목적은 우리 주변의 평범한 사람들이 모여 서로의 이야기를 나누며 서로 공감하고 소통하고자 하는 것이다. 그 목적이 뚜렷했기 때문에 콘텐츠도 그 목적에 맞게 잘 만들어질 수 있었고, 많은 사람들이 찾아올 수 있었다.

그래서 단순히 친목을 다지기 위해 만들어진 모임은 누군가 모임을 주도하거나 신경을 쓰지 않으면 오래 유지하기가 어렵다. 사실 본격적인 활동이 끝나고 나면 많은 모임들이 대부분 친목 모임으로 바뀐다. 그래서 그때는 친목을 어떻게 다지고, 언제 만날 것인지 누군가가 주도해서 미리 정해놓는 것이 좋다.

모임의 목적과 맞지 않는 사람은 과감히 차단한다

모임의 목적을 뚜렷하게 정했다면 그다음으로 중요한 것이 바로 구성원이다. 어떤 사람들이 모임의 구성원으로 함께하느냐인데, 그 구성원은 모임의 목적과 잘 맞는 사람들로 하고 혹시나 그렇지 않은 사람들이 들어왔을 경우 과감하게 차단해야 한다.

모임에 들어온 이유가 "재미있을 것 같아서요", "그냥 한번 해보고 싶었어요"라고 얘기하는 사람이라면 처음에는 구성원들과는 잘 지낼지 몰라도 본인이 조금 지루하거나 흥미를 잃으면 언제 나갈지 모르는 시한폭탄임에 분명하다.

모임에 사람이 많으면 많을수록 좋다고 생각하여 모임의 목적과 맞지 않는 사람도 일단 받고 보는 경우가 부지기수다. 때로는 그 사람이 지인이라서 어쩔 수 없이 받는 경우도 상당히 많다. 하지만 그런 사람들이 오히려 모임에 좋지 않은 영향을 끼치고, 도중에 나가게 되면 분위기를 흐리게 만들 수 있기 때문에 미안하더라도 미리 차단하거나 초기에 내보내는 것이 좋다.

모임의 목적에 맞지 않는 사람을 걱정하고 배려하려다가 모임 자체를 잃을 수도 있다는 점을 꼭 명심하자.

일단 먼저 친해져야 한다

친목 모임은 누군가 굳이 노력하지 않아도 자연스럽게 서로 친해지게 된다. 하지만 독서모임이나 토론모임 같은 경우에는 굳이 처음부터 친해지려는 노력을 많이 하지 않는다.

"독서를 하고 서로 생각을 나누려고 하는 모임인데 굳이 친해질 필요가 있나요?", "그냥 모임의 목적에만 집중하면 되는 거 아닌가요?"라고 얘기할 수 있다. 물론 친목과는 별개로 다른 목적이 뚜렷한 모임은 친해지지 않아도 충분히 모임이 잘 운영될 수 있다.

하지만 더욱 성공적인 모임을 위해서라면 나중을 위해서 먼저 친해지는 것이 좋다. 앞에서 얘기했듯이 친해지면 결과는 자연스럽게 따라오게 되어 있다. 아이디어 회의를 할 때도 서로 편하지 않으면 '내가 이런 아이디어를 제시하면 이상하게 보지 않을까?'라고 생각할 수 있기에 쉽게 말을 꺼내기가 힘들다.

그리고 서로가 어떤 성격이고 어떤 가치관을 가지고 있는지 미리 친해지면서 알아놓으면 대화를 하거나 회의를 할 때도 더 원활하게 할 수 있다. 솔직히 모임도 결국 단체생활이기 때문에 사람들과 어울리는 것을 거부하는 사람을 굳이 모임에서 환영해야 할 이유는 없다.

규칙이 있어야 한다

딱딱한 얘기로 들릴지 모르지만, 모임에는 어느 정도 규칙이 필요하다. 자유로운 분위기도 좋지만 적당한 규칙이 없다면 모임 자체가 모임 구성원 누군가에 의해 휘둘릴 가능성이 매우 크다.

그래서 모임장과 그 운영진들은 목적을 지킬 수 있는 규칙을 만들고, 모임 구성원들과는 모임의 전체적인 분위기를 위한 규칙을 만드는 것이 좋다.

독서모임을 예로 들면, 독서모임의 목적을 지킬 수 있는 규칙으로는 “책을 다 읽지 못한 사람은 모임에 참가할 수 없다”가 될 수 있고, 모임의 전체적인 분위기를 위한 규칙으로는 “지각하면 1분에 100원 내기”, “한 달에 세 번은 모임에 필수적으로 참석하기” 등이 될 수 있다.

그 규칙이 마음에 들지 않으면 모임에서 나가면 된다. 굳이 규칙이 마음에 들지 않는 사람 때문에 모임의 색깔을 바꿀 필요는 전혀 없다. 물론 누군가 모임을 위해 더 좋은 방향을 제시한다면 모임장이 그 의견을 긍정적으로 받아들이는 태도도 반드시 필요하다. 그러나 모임에 들어간다면, 구성원들은 그 모임의 규칙을 준수하면서 의견을 제시하도록 하자.

모임을 살릴 다양한 유형들이 존재해야 한다

우리는 어릴 적부터 유치원, 초등학교, 고등학교, 대학교 등을 다니면서 항상 단체생활을 해왔다.

학창 시절의 같은 반 친구들을 떠올려보면 열심히 공부만 하는 친구, 항상 떠들어서 선생님들에게 혼나는 친구, 친구들을 잘 이끄는 친구, 수업시간에도 쉬지 않고 먹기만 하는 친구, 입을 열기만 하면 거짓말하는 친구, 주위에 친구가 많은 친구, 친구들의 말을 잘 들어주는 친구 등등. 이외에도 정말 다양한 친구들이 있었다. 이런 친구들이 골고루 있었기 때문에 우리들의 학창 시절이 즐거울 수 있었던 것은 아닐까?

그렇다. 성공적인 모임을 만들어주는 조건 다섯 가지의 마지막으로는 모임에 다양한 유형의 멤버들이 있어야 한다는 것이다. 다양한 유형들의 사람들이 자신들만의 특징을 살려 모임에 상당한 영향을 끼치기 때문이다.

사실 이 마지막 조건은 모임장이 노력한다고 해서 충족시킬 수 있는 것은 아니다. 그만큼 다양한 성격의 사람들이 모임에 들어와야 가능하기 때문이다. 그런데 신기하게도 사람은 그 속한 무리에 따라 자신의 역할이 조금씩 바뀌기 때문에 어떤 모임에 가더라도 다양한 유형의 사람들이 있다고 느낄 수 있다.

평소에 말을 많이 하는 편이 아닐지라도 매우 조용한 모임에 나가면 '왠지 나라도 말을 해야 할 것 같네'라고 생각하게 되는 것이 그러한 예이다. 그렇다면 모임에는 보통 어떤 유형들이 있을까? 내가 많은 단체생활을 하면서 겪었던 여러 가지 유형들을 소개하도록 하겠다.

주도형

주도형은 단어 그대로 어떤 일을 이끌거나 지도하는 중심의 유형이다. 보통 리더들이 이런 유형에 속한다. 주도형은 대개 침묵을 싫어한다. 다 같이 대화를 할 때 잠깐의 침묵이라도 흐르면 그것을 어색하게 느끼고 끊임없이 주제를 던지며 대화를 이어간다. 그리고 결정 또는 마무리가 잘되지 않으면 어떤 방식으로든 해결하고 다음으로 넘어간다.

서포트형

서포트형은 얘기는 많이 하지만 주도형과는 달리 먼저 나서기보다는 누군가 얘기를 하거나 행동했을 때 옆에서 보조하는 유형이다. 굳이 사람들 앞에 나서는 것을 선호하진 않지만 그렇다고 딱히 어려워하지도 않는다. 또한 유형을 따지지 않고 누구에게나 잘 맞춰주고 도와준다.

경청형

경청형은 회의를 진행할 때를 제외하고 일반적인 대화를 할 때는 거의 90퍼센트 이상을 듣기만 한다. 불만도 없고 짜증도 내지 않는다. 딴짓을 하는 것도 아니다. 정말 열심히 들어주고 때로는 맞장구도 친다. 가끔 그런 맞장구가 기계적으로 보일 때도 있지만 들어주는 자세만큼은 1등이다. 어떻게 보면 모임에서 가장 중요한 역할을 하고 있는 유형이며, 경청형이 있기에 모임이 원활하게 돌아갈 수 있다.

지능형

지능형은 되게 논리적이면서 아는 것이 많다. 모임에 속한 대부분의 사람들이 모르는 내용도 잘 알고 있고, 객관적인 판단을 잘하여 현재 상황을 있는 그대로 잘 정리해서 얘기한다. 일 하나는 확실하게 하는 편이라서 믿고 맡길 수 있는 유형이다.

인싸형

인싸형은 모임 사람들이 유독 잘 따르는 유형이다. 긍정적이면서 항상 텐션이 높기 때문에 주도형이나 서포트형과는 다르게 사람들을 뭉치게 하는 힘이 있다. 주위에 다양한 사람이 많고 인맥이 넓기 때문에 새로운 모임을 만들 때 함께 기획하면 상당히 도움이 많이 된다. 그리고 홍보나 마케팅을 맡기면 좋은 유형이 바로 인싸형이다.

진지형

진지형은 무슨 말을 해도 진지하게 얘기하는 유형이다. 요즘 말로 갑자기 분위기를 싸늘하게 만드는 '갑분싸'를 잘하고 자기만의 세계가 확실한 편이다. 상당히 차분하면서도 흥분하면 갑자기 말이 많아지기도 한다. 솔직히 조금 재미가 없는 유형이긴 하지만, 진지한 얘기를 할 땐 서로에 대해 깊이 얘기하며 오히려 쉽게 친해질 수 있는 유형이기도 하다. 그리고 이런 유형의 사람들의 장점은 모임의 목적을 꾸준하게 상기시키게 해준다는 것이다.

비주얼 담당형

비주얼 담당형은 말 그대로 잘생기거나 예쁜 사람들이다. 이런 매력적인 사람들이 있어야 사람들이 모임에 꾸준하게 잘 참석하기 때문에 한두 명씩은 있는 것이 모임의 성장을 위해서도 좋다. 마치 우리가 연예인을 좋아하고 따르는 심정과 같다.

또라이형

마지막으로 또라이형이 있다. 여기서 말하는 또라이란 조금 독특한 유형의 사람들을 말한다. 보통 4차원이라고 불리는 사람들도 이 유형에 속한다. 또라이형은 잘 이해가 되지 않는 특이한 말과 행동을 하는 사람들로서 아무리 이해하려고 해도 이해가 되지 않기 때문에 굳이 이해하려고 노력하지 않는 편이 좋다. 하지만 이 유형의 사람들 덕분에 은근히 모임 분위기가 즐겁게 흘러간다. 그야말로 매력적인 존재다.

이 외에도 다양한 유형들이 많지만, 내가 생각하기에 있으면 모임에 도움이 되는 바람직한 유형들만 골라서 소개했다. 이런 다양한 유형의 사람들이 모임에 존재한다면 더욱 성공적인 모임이 될 가능성이 높다.

리더가 없을 때 잘 돌아가는 모임이 성공한다

누구나 살면서 한 번쯤 '리더' 역할을 꼭 하게 된다. 반장, 조장, 팀장, 실장, 단장, 사장 등 크고 작은 단체에 다양한 리더들이 존재한다.

하지만 꼭 직책이 없더라도 가끔 어떤 모임이나 단체에서 사람들을 이끌어야 하는 상황이 오기도 한다. 그럴 때 많이 당황한다. 대체 어떻게 해야 할까?

리더가 갖춰야 할 덕목은 생각보다 많다. 리더십을 바탕으로 조직이나 단체가 원하는 목표를 이뤄내기란 쉽지 않기 때문이다.

오프라 윈프리, 레이디 가가, 마이클 잭슨 등의 정신적 스승으로 잘 알려진 영성 철학자 디팩 초프라(Deepak Chopra)는 리더의 덕목을 이렇게 말했다. 조직은 희망에 반응한다, 조직은 돈 이외의 동기부여가 필요하다, 조직을 응원하는 리더가 되라, 조직의 작은 위협도 다 공개하라, 성취에 대한 보상을 하라, 지시자가 아닌 촉매제가 되라, 도덕을 지켜라 등 일곱 가지를 주장했다.

이처럼 조직을 운영하는 리더의 조건은 많지만, 내가 생각했을 때 가장 중요한 한 가지만 얘기하려고 한다.

현명한 리더는 뒤로 물러설 타이밍을 안다

나는 학창시절부터 사람들 앞에 나서는 것을 좋아했다. 그래서 반장, 부반장을 늘 맡아서 했고, 대학생 때는 동아리 장, 봉사활동 팀장 등을 했다. 그리고 지금은 강연기획단을 창단하여 몽쉘's의 단장을 하고 있다.

여러 가지 활동을 하며 조직의 구성원도 해보고, 때로는 리더 역할도 하면서 느낀 것이 있었다. 그것은 리더가 되었을 때는 뒤로 물러설 순간을 알아야 한다는 것이다. 어떠한 조직이든 리더가 없어도 잘 돌아가는 조직이나 단체가 성공할 수 있다.

리더에 의해 좌지우지되는 조직은 리더가 잠시 자리를 비웠을 때 제대로 할 수 있는 것이 별로 없다. 뭐든 리더의 손을 거치지 않으면 일의 진행이 안 되고, 조직 구성원들 스스로 결정할 수 있는 것이 없다.

조직 구성원들은 아무리 힘들어도 자신이 그곳에서 가치 있는 사람이라고 느껴야 그 조직에 남는다. 자기 스스로 할 수 있는 일은 전혀 없고 쓸모없는 사람이라는 생각만 든다면 언제든지 조직을 떠날 수 있다.

그래서 리더는 조직 구성원들이 일할 수 있는 환경을 만들어주는 것이 정말 중요하다. 구성원들의 성격과 능력을 파악하여 적당한 역할과 업무를 할당하고 나면 리더는 빠져야 한다.

스스로 일하고 결정할 수 있도록 만들어주고, 부족한 부분이 있으면 그때 알려주면 된다.

얼마 전 부산공동체라디오 051FM에 출연한 적이 있는데 그때 이런 질문을 받았다.

"강연기획단 몽쉘's 강연 때 아이스 브레이킹을 하시는데 사람들이 친해질 수밖에 없는 본인만의 비법이 뭔가요?"

나는 이렇게 대답했다.

"제가 빠지면 돼요. 일단 제가 빠져야 해요. 그게 제일 중요해요. 저한테 집중하면 아무것도 안 되거든요. 저랑 친해져봤자 아무 소용없어요. 오신 분들끼리 친해지는 게 중요하니까요."

그렇다. 레크리에이션이나 아이스 브레이킹에서도 마찬가지다. 진행자가 없을 때도 서로 소통하고 대화를 많이 하도록 하는 것이 중요하다. 진행자는 그저 게임 방법이나 주제를 알려주며 방향만 잡아주면 된다.

아이스 브레이킹에서 배우는 리더십

앞에서 얘기했듯이 몽쉘's의 모든 프로그램에는 1부가 아이스 브레이킹 시간으로 고정되어 있다. 모든 프로그램이 소통을 중심으로 기획되었기에 친해지지 않으면 강연에 대한 만족도가 떨어질 수밖에 없기 때문이다.

가장 소통이 잘되고 참가자들이 서로 친해질 수 있었던 아이스 브레이킹은 각 조별로 1박 2일 여행 루트를 만든 후 앞에 나와서 발표하는 것이었다.

서로 한 번쯤 가보고 싶었던 여행지를 자유롭게 얘기하고 현실적이지 않은 여행 계획에 웃고 떠들면서 서로 조금씩 친해지게 된다. 시간 안에 다 하지 못하더라도 발표자가 재량껏 마무리하면서 발표하는 것도 하나의 힐링 포인트다.

그렇게 아이스 브레이킹이 끝나고 나면 처음 만났을 때 그 어색함은 어느샌가 감쪽같이 사라지고, 쉬는 시간에도 서로 대화를 하느라 바쁘다.

이 아이스 브레이킹을 하면서 사람들이 짧은 시간에 친해질 수 있는 것은 여행지나 활동에 제한이 없고 현실적이지 않아도 되기에 어떤 의견이든 고민하지 않고 얘기할 수 있기 때문이다.

보통 다수의 사람들이 모였을 때 대화를 이어나가기 힘든 이유는 '내가 이 말을 했을 때 나를 이상하게 생각하면 어떡하지?', '괜히 내가 말해서 더 어색해지는 거 아니야?'라고 생각하기 때문이다. 그래서 그런 생각이 들지 않을 만한 이야깃거리를 던져주는 것이 중요하다. 크게 고민하지 않아도 바로 얘기할 수 있는 그런 보편적인 주제로 말이다.

한마디로 참가자들이 말을 할 수 있는 환경을 만들어주고 진행자는 슬쩍 빠지면 되는 것이다. 이런 면에서 레크리에이션 및 아이스 브레이킹 진행자의 역할이 리더와 상당히 비슷하다.

그래서 리더는 조직 구성원들의 성격과 능력을 파악하기 위해 그들과 소통하며 믿음을 쌓는 것이 제일 먼저 해야 할 일이다.

리더는 그 직책 자체만으로도 구성원들에게 충분히 부담스럽고 거리가 있을 수밖에 없다. 그래서 불만이 있거나 힘든 얘기를 쉽게 하지 못한다. 그렇다고 그 거리를 좁히기 위해서 너무 급하게 다가가서도 안 된다. 구성원들이 무엇을 좋아하고 즐겨 하는지 파악한 뒤, 그 주제로 천천히 대화하는 것부터 시작하자.

강연기획단 몽셸's를 이끌어가고 있는 나도 운영진들과 소통하기 위해 지금 천천히 다가가는 중이다.

강연기획단 몽셸's 성장의 원동력 네 가지

사람들은 얘기한다. 너무 재밌고 취지가 좋은 몽셸's가 더 커졌으면 좋겠고 유명해졌으면 좋겠다고 말이다. 하지만 그럴 때마다 나는 얘기한다.

"지금, 딱 지금 이대로가 좋다고. 우리 주변의, 정말 우리 같은 사람들이, 우리들의 이야기를 아무렇지 않게 할 수 있는 지금의 몽셸's가 늘 지금 같았으면 좋겠다고."

이 글은 2019년 5월, 세 번째 강연이 끝나고 나의 SNS에 올린 글이다.

여전히 우리 단체가 그다지 크지도, 유명하지도 않지만 매번 많은 분들이 찾아와주시고 있다. 그럴 때마다 정말 감사하고, 또 한편으론 신기하다. 단체가 만들어진 지 얼마 되지 않았고, 강연을 할 때는 유명한 강사를 초대하지 않고 아주 평범한 운영진들끼리 진행함에도 불구하고 많은 분들이 찾아와주시기 때문이다.

지금도 꾸준하게 성장하고 있지만, 몽쉘's가 조금씩 단단해질 수 있었던 성장의 원동력을 소개해보려고 한다.

스스로 성장하게 만드는 내부 프로그램이 있다

몽쉘's에는 강연을 보러 오시는 분들을 위한 외부 프로그램과 운영진들을 위한 내부 프로그램이 있다. 바로 이 프로그램들이 우리 단체를 조금씩 단단하게 만들어주었다.

먼저 내부 프로그램에는 총 세 가지가 있다. 내부 프로그램은 오직 운영진들만을 위한 프로그램이며, 이 프로그램들은 운영진들이 스스로 성장할 수 있도록 만들기 위해 기획했다. 어떤 프로그램이 있는지 자세히 알아보도록 하자.

PT 자기소개

어느 단체나 모임에 가서도 자기소개는 빠지지 않는다. 모르는 사람들이 모였기에 서로를 알아가는 시간을 갖는 것은 필수적이기 때문이다.

우리 단체에서도 자기소개 시간을 필수적으로 갖는다. 그런데 일반적인 자기소개가 아닌 PPT를 활용한 발표 형식의 PT 자기소개를 진행한다. 대학생일 경우 학교에서 했던 조별 과제를 제외하고는 발표 경험 자체가 적은데, 나 자신을 PPT까지 활용해서 발표를 하는 것 자체가 생소할 수 있지만 모두가 완벽하게 준비한다.

이 발표는 발대식 날 오리엔테이션과 동시에 진행되는데 지금까지 정말 다양한 자기소개가 있었다. 단어만 나열하고 그 단어와 본인의 연관성을 설명하며 소개한 발표, 어릴 적부터 자신이 경험했던 여러 사진을 보여주며 소개한 발표, 영상을 이용한 발표, 자신의 가치관을 설명하는 발표, 연혁을 설명하는 정석적인 발표, 강연 형식의 발표 등 신기할 정도로 매번 특색 있는 자기소개를 보여주었다.

강연 UCC

두 번째 프로그램은 '강연 UCC'이다. UCC는 User Created Contents의 줄임말로, 이용자가 직접 제작한 저작물을 말한다. 강연 UCC 프로그램은 후반기에 있을 프로그램을 준비하는 차원에서 본인이 하고 싶은 강연 및 강연기획을 미리 생각해보며 자유 주제로 UCC를 만들어보는 것이다.

솔직히 UCC는 나도 처음 해보는 것이었기 때문에 쉽지 않았다. 어떤 콘셉트를 잡고 어떤 주제를 어떻게 전달할 수 있을지 여러모로 생각해야 할 게 많았다. 하지만 그만큼 생각하고 고민한 후에 나온 결과물을 봤을 때 기분은 정말 짜릿했다.

다른 운영진분들도 정말 다양한 주제로 너무 재밌고 유익하게

UCC를 제작해주셨다. 완성된 UCC는 다 같이 모여 회의시간에 시청했고, 어떤 주제가 괜찮고 어떤 콘텐츠가 괜찮은지 논의하면서 다음을 준비했다.

개인 강연회

세 번째는 내부 프로그램 중 가장 메인 프로그램인 '개인 강연회'이다. 개인 강연회는 운영진 모두가 직접 무대에서 강연을 하는 프로그램이다. 직접 강연을 해보고 경험함으로써 개인의 역량을 강화시키고 더 나은 프로그램을 기획하는데 있어 많은 도움이 될 것이라 생각하여 기획했다.

개인 강연회 같은 경우에는 각 운영진마다 두 명씩 지인을 데리고 올 수 있다. 그래서 따로 홍보하지 않고 오직 지인들만 모아서 강연회를 개최하는 것이다. 한 사람당 15분 정도의 시간이 주어지고, 강연이 끝난 뒤에는 자유롭게 질문을 할 수 있다.

관객들을 초대하는 강연 때는 사람이 40~50명 정도가 오기 때문에 뒷풀이를 할 수 없지만, 개인 강연회는 20명 내외로 프로그램이 진행되기 때문에 끝나고 뒷풀이까지 기획한다.

이렇게 총 세 가지 내부 프로그램을 운영진을 위해 기획했다. 사실 어떻게 보면 별거 아닐 수 있는 PT 자기소개, 강연 UCC, 개인 강연회 프로그램이 내가 무엇을 좋아하고, 무엇을 하면서 살았는지, 또 어떤 가치관을 가지고 있는지 등 나에 대해 자세히 알 수 있게 해준다.

그럴 수 있는 이유는 평소에 진지하게 생각해본 적도 없는 나 자신과 내 경험 및 생각을 다른 사람들에게 소개하고 설명하려면 내가 더 정확하게 알고 있어야 하기 때문이다.

서로를 알아가는 동시에 스스로를 찾아갈 수 있게, 성장할 수 있게 만드는 프로그램이 있었기에 몽쉘's가 더 단단해질 수 있지 않았을까 싶다.

서로 소통하게 만드는 외부 프로그램이 있다

이번에는 강연을 보러 오시는 관객분들을 위한 몽쉘's의 외부 프로그램에 대해서 얘기해보도록 하겠다. 몽쉘's의 외부 프로그램에는 '사소한 수다(사람들과 소통하는 수다)', '노래를 강연하다', '고썸Talk(고민과 썸타는 토크쇼)' 이렇게 세 가지가 있다.

'사소한 수다'는 '사람들과 소통하는 수다'의 줄임말로, 강연자가 평소 관심 있었던 주제에 대하여 자신의 생각 및 스토리를 공유하고, 그 주제를 관객들과 얘기하며 소통하는 프로그램이다. 그리고 '노래를 강연하다'는 강연자가 노래를 하나 정하고 자신의 경험을 바탕으로 그 노래에 대해 해석하며 강연하고 소통하는 프로그램이다.

이 두 프로그램은 자신의 경험 및 스토리를 공유하는 방식이 조금 다르지만 강연자가 정한 주제에 대해서 관객들도 직접 자기 생각을 얘기하며 서로 소통할 수 있다는 점에서 비슷하다. 1부에서 친해진 관객들은 벌써 몇 번 만난 사이처럼 정말 재밌게 대화하고 소통한다.

'고썸Talk'은 '고민과 썸타는 토크쇼'의 줄임말로 고민 및 사연을 익명으로 작성한 후, 관객 모두 상담사가 되어 서로 조언하고 상담해주는 토크쇼 프로그램이다.

SNS인 '카카오톡'의 오픈채팅방을 만들어 관객들 모두 익명으로 입장하고, 그 자리에서 즉석으로 자신의 고민이나 사연을 작성한다. 작성이 모두 끝나면 메인 사회자의 진행 아래 큰 화면을 다 같이 보며 상담을 하거나 고민을 해결해주고, 무거운 고민일 경우에는 팀을 나눠 서로 해결책을 논의한 후 팀별로 돌아가며 발표를 하기도 한다.

나만 이런 고민을 하는 것이 아니라는 것을 알게 되고, 내 고민을 많은 사람들이 대신 걱정해주고 해결해주려 한다는 것에 매력을 느끼고 많은 분들이 이 프로그램을 특히 더 찾아주시는 것 같다. 모임의 목적을 잊지 않고 항상 되새기면서 기획을 했던 덕분에 말이다.

강연을 기획하고, 강연을 하고, 모임을 운영하는 입장에서 참 고생 많이 한다고 얘기해주는 사람들이 많다. 나도 시작하기 전에는 그럴 거라고 예상했다.

하지만 전혀 그렇지 않다. 우리 주변의, 정말 우리 같은 사람들이, 우리들의 이야기를 아무렇지 않게 할 수 있는, 그런 소통하는 몽쉘's 활동은 정말 즐겁고 뿌듯하다.

그리고 무엇보다 이런 프로그램들이 정신없이 살아가는 우리들에게 지금 제일 필요한 그런 콘텐츠가 아닐까 싶다.

프로그램에 맞게 행사 장소 선택하는 법

행사 또는 프로그램을 진행할 때 어떤 장소에서 하느냐도 상당히 중요하다. 사운드, 조명, 영상장비, 크기, 의자 개수 등 여러 조건들이 맞아야 한다. 게다가 비용도 만만치 않기 때문에 이것저것 고려하면서 장소를 선택하는 것은 여간 어려운 일이 아니다.

몽쉘's는 지금까지 총 세 군데에서 프로그램을 진행했다. 물론 내가 사는 곳이 부산이므로 모든 장소가 부산이다. 그 세 군데 모두 정말 괜찮았지만, 그중 가장 괜찮았던 곳은 부산 서면에 위치하고 있는 공유오피스 0.9M이다.

프로그램 모두 소통을 중심으로 하고 있기 때문에 서로의 얘기가 잘 들려야 하고, 공간이 그렇게 크지 않으면서 적당한 무대가 있어야 하는데 0.9M가 가장 적합한 장소였다. 거기에 분위기와 위치까지 완벽했기 때문에 이만한 장소는 없었다.

하지만 금액을 어느 정도 부담해야 하기 때문에 그 부분은 좀 고려를 해야 한다. 역시 돈이 좀 들더라도 장소가 괜찮으니까 행사도 잘되고 사람들도 잘 모이는 것 같다.

비용이 부담스럽다면 행사하기 가장 좋은 장소로 부산 서면에 있는 청년두드림센터를 추천한다. 부산경제진흥원에서 운영하고 있기 때문에 대관 비용은 무료이며 시설도 깔끔하고 웬만한 장비는 모두 갖춰져 있다. 한 달 전부터 예약이 가능한데 시설도 좋고 무료이면서 위치까지 좋기 때문에 금방 예약이 찬다는 점을 고려하여 중요한 행사는 미리 준비하는 것이 좋다. 게다가 스터디 룸도 네 개나 있기 때문에 회의나 스터디할 때 예약해서 사용하는 것도 추천한다.

그 외에 부산에서 무료로 회의 또는 행사하기에 괜찮은 곳을 추천한다면 부산 콘텐츠 코리아랩, 부산 창조경제혁신센터, 시청자미디어센터(정회원 교육 이수 필요), 부산에 있는 청소년 수련관(만 24세까지 무료) 등이 있고, 조금 저렴한 곳은 한성1918(부산생활문화센터)이 있으니 각 기관의 준수사항을 참고한 뒤 잘 활용하기 바란다.

그리고 영상장비 같은 경우는 시청자미디어센터에서 시설 대관과 마찬가지로 정회원 교육만 이수하면 대여할 수 있다는 점을 참고했으면 한다. 내가 부산에 살기 때문에 부산 지역만 언급했지만, 각 지역마다 특성이 있으므로 그에 맞게 포인트를 잡아서 활용한다면 모임 개최가 생각만큼 힘들지는 않다.

'감사의 말'의 중요성

몽쉘's의 성장 원동력의 마지막은 바로 '감사의 말'이다. 나는 항상 행사가 끝나고 나면 참가했던 모든 관객분들에게 잘 즐기고 가셨냐고 묻고, 끝으로 참석해주셔서 감사하다는 말을 꼭 전한다.

운영진 친구들이 굳이 그렇게까지 할 필요가 있냐고 얘기도 했지만 난 그 감사의 말이 진심이었기 때문에 2년이 넘도록 한 번도, 한 분도 빠뜨리지 않고 모두에게 할 수 있었다. 이런저런 일로 바쁘실 텐데 귀한 시간 내주셔서 행사에 참여하여 자리를 빛내주신 것만으로도 나에게는 얼마나 감사한 일인지 모른다.

바쁘고, 정신없고, 여유가 없더라도 몽쉘's에서만큼은 잠시라도 마음을 내려놓고 웃을 수 있었으면 좋겠다.

내 인생에 초대된 소중한 사람들

내가 만난 모든 사람들은 소중하다

오늘 시험에 합격한 친구에게서 연락이 왔다. 시험 준비로 최근에 보지 못했기 때문에 오랜만에 만나서 맛있는 것도 먹으면서 놀자고 했다.

나는 이렇게 연락하는 것이 어렵다는 것을 잘 알기 때문에 먼저 연락이 왔을 경우에는 더 적극적으로 약속 날짜를 잡는다. 그리고 사람을 좋아하는 나로서는 웬만하면 만나자는 부탁에 거절을 잘 하지 않는다.

그런데 강연기획단을 운영하고 있던 내가 책을 집필하기 시작하면서 동시에 사람을 만날 여유가 없었다. 그래서 난 친한 친구였음에도 불구하고 책 집필이 마무리되는 대로 보자고 사정을 이야기하고 양해를 구했다.

지금부터 한 달 뒤에 책 집필이 마무리되는데 예약된 약속만 해도 벌써 열다섯 개가 넘는다.

이렇게 사람 만나는 것을 좋아하고 주위에 사람이 많은 내가 꽤 자주 들었던 말이 있다.

"나는 준식이처럼 사람을 얕고 넓게 만나는 스타일이 아니라 깊고 좁게 만나는 스타일이야."

사실 이런 말을 듣고 나면 기분이 좋지 않다. 물론 나를 그렇게 잘 아시는 분이 하는 말은 아니기에 그 사람이 밉거나 싫진 않은데 딱히 친해지고 싶진 않다.

내가 많은 사람들을 만난다고 해서, 인간관계를 넓게 가진다고 해서 결코 그 관계가 얕은 것은 아니다.

솔직히 인간관계를 얕고 깊다고 평가하는 것 자체가 상당히 불편하다. 흑백논리처럼 깊은 인간관계는 좋고, 얕은 인간관계는 좋지 않은 것처럼 들리기 때문이다.

얕은 인간관계라고 해서 그 사람들과의 사이가 좋지 않은 것도 아니고, 나와 맞지 않는 사람도 아니다. 단지 좀 더 가까워질 기회가 없었을 수도 있고, 타이밍이 맞지 않았을 수도 있다. 따라서 그런 사람들도 언제든지 가까운 사이가 될 수 있다.

내가 만난 모든 사람들은 내게 소중하다. 비록 그 모든 사람들과 만나고 연락할 수는 없었지만 나는 그 사람들을 최대한 내 인생에 초대하려고 노력했다.

내 인생에 소중한 사람들을 초대하는 법

나는 20대에 많은 활동을 하면서 다양한 사람들을 만나고 사귀었다. 같이 영화도 보고, 볼링도 치고, 노래방도 가고, 밥도 먹고, 술도 마시면서 스쳐지나간 사람도 있지만 평생을 함께할 '내 사람'을 얻을 수 있었다.

이렇게 사람을 사귀고 인테크를 하며 했던 행동 중 내가 가장 잘했던 것이 있다. 그것은 내가 하는 활동에 지인들을 초대했던 것이다. 그중에서도 봉사활동에 회사 과장님들과 그 가족들을 초대했던 것이 가장 기억에 남는다.

2017년 11월 11일, '숲의 날 환경캠페인' 봉사활동이 있었다. 65명의 봉사자들과 함께 페이스페인팅, 풍선아트, 퀴즈, 환경정화 등을 준비하여 부산 어린이대공원에 오시는 시민분들에게 정성껏 보여드렸다.

오후 4시쯤 봉사가 거의 끝날 무렵, 회사 과장님께 전화가 왔다. 지금 아기를 데리고 가는 중이라 늦을 것 같은데 조금만 더 기다려줄 수 있냐고 했다. 그래서 일단 빨리 오시면 된다고 얘기했고, 65명의 봉사자분들께 솔직하게 말씀드리고 부탁했다.

"봉사자분들, 죄송합니다. 한 10분만 있으면 저희 회사 과장님들이 가족들과 온다고 하네요. 그분들 오시면 아기들하고 잘 좀 챙겨

주세요. 부탁 좀 드립니다."

그렇게 10분 뒤에 도착했고, 나는 과장님과 그 가족분들에게 잊지 못할 추억을 선물해드렸다.

그 뒤로 봉사단에는 우리 누나와 군대 후임, 학교 선후배, 동기들까지 모두 초대했고, 그중 몇몇은 봉사단의 중요한 역할을 맡아 지금도 활동하고 있다.

내 꿈이었던 강연에도 많은 사람들을 초대했다. 특히 내 첫 강연이었던 2018년 5월 13일의 '사랑과 연애'를 주제로 했던 강연 때 제일 많이 초대했다. 단체가 만들어지고 첫 강연이다 보니 내 지인들이 많이 왔다. 특히 '내 사람'이라고 생각하는 친구들한테는 꼭 와달라고 부탁했다.

첫 강연에 와준 많은 분들 덕분에 내 첫 번째 꿈을 정말 멋지게

내가 기획했던 숲의 날 봉사활동에 회사 과장님과 그 가족분들을 초대하여 함께 추억을 만들었다.

이룰 수 있었다. 그래서 강연이 끝날 때 이렇게 얘기했다.

"오늘은 저에게 정말 잊지 못할 날입니다. 7년간 준비했던 저의 꿈을 이루게 된 정말 의미 있는 날이죠. 그 자리를 함께 빛내주신 여러분께 진심으로 감사드립니다."

나는 아직도 그날의 설렘과 짜릿함을 잊을 수 없다. 아니, 평생 잊지 못할 것 같다.

그리고 내가 아끼는 지인들을 내가 했던 활동에 초대하여 함께 진행하는 사람들에게 소개해주며 내 지인들끼리 인테크할 수 있도록 도와주었다. 그런 기회를 통해 평소와는 다른 나의 새로운 모습을 보여주면서 더 가까워지기도 했다.

내가 이렇게 사람들을 초대하다 보니 내 주변 사람들도 나를 초대하곤 했다. 졸업전시회, 강연, 버스킹, 집들이 등 색다르고 다양한

내 오랜 꿈이었던 강연에 주변의 소중한 사람들을 초대했다.

분야에 초대되면서 더 친해지기도 하고, 새로운 것을 많이 배울 수 있었다.

대단하지 않아도 좋다. 부끄럽더라도 나의 또 다른 인생에 사람들을 초대하자. 평소와는 다른 모습에 호감이 생기고, 더 나은 인간관계가 형성될 것이다.

– 에필로그 –

"만나서 감사합니다!"

2019년 12월 30일부터 책을 쓰기 시작했다. 오늘은 2020년 3월 13일이다. A4 90매를 10포인트로 작성하여 퇴고까지 두 달 반 정도 걸렸다.

처음 쓰는 책이기에 정말 많은 노력을 했다. 내 방을 책 쓰기 좋게 테이블도 더 가져다 놓고 자료조사를 위해 노트북도 추가로 두어 컴퓨터 한 대와 노트북 두 대를 사용하며 책을 썼다.

도서관에서 책을 빌리기도 했지만, 집필하는데 도움이 될 것 같은 책을 10권 이상 사기도 했다. 그리고 집에서 책이 잘 써지지 않는 날은 호텔을 예약해서 밤새 적기도 했고, 카페에 12시간 동안 있었던 적도 있다.

지금 생각하면 왜 그렇게까지 했는지 웃음이 나지만, 그땐 정말 악착같이 쓰려고 했던 것 같다. 참 대단했다.

책을 쓰면서 주위에서 정말 많은 분들이 격려해주셨다. 솔직히 주위 사람들에게는 책이 출판될 때 깜짝 놀라게 해주려고 했는데, 안부 연락이 올 때마다 숨길 수가 없었다.

“이야, 내 주위에 책 쓰는 사람은 처음 본다. 역시 너 말고는 쓸 사람이 없네. 뭘 해도 잘하는 준식이. 얼른 책 나오면 읽어보고 싶네. 힘내라!”

“책 쓰는 거 정말 쉽지 않을 텐데 대단하다! 항상 최선을 다하는 모습 보기 좋네. 힘들면 얘기하고. 술 한 잔 사줄게.”

이런 연락이 올 때마다 정말 많은 힘이 되었다. 지금까지 잘 살아왔다는 생각이 들면서 말이다. 내가 그동안 사람에 투자해서 ‘사람 부자’가 된 것이 이 책을 쓰는 순간까지 도움이 되고 있었던 것이다.

그리고 가족들도 나에게 정말 많은 신경을 써주었다. 책 쓰는 데 방해될까 봐 내가 나오기 전까지는 한 번도 방문을 열지 않았고, 괜히 부담될까 봐 책에 대한 질문도 일체 하지 않으셨다. 내가 좋아하는 음식을 많이 사다주시며 암묵적인 응원을 해주셨다. 책을 쓴다고 얘기했을 때는 많은 걱정을 하셨지만, 쓰기 시작한 이후로는 나를 믿고 지지해주신 것이다. 그래서 그 누구보다 우리 가족들에게 제일 먼저 감사하다고 말하고 싶다.

"만나서 감사합니다!"

아멜리아 버(Amelia Burr)는 이런 말을 했다.

"각 항해마다 차이가 나는 것은 배 때문이 아니라 배 안에서 만난 사람들 때문이다."

살다 보면 정말 다양한 사람들을 만난다. 나보다 나이가 한참 많거나 한참 어린 사람과 함께할 때도 있고, 내가 만나보지 못한 분야의 사람들과 함께하게 될 때도 있다.

예상하지 못했던 뜻밖의 사람들과 우린 새로운 경험을 함께하고, 그렇게 새로운 인연이 생겨나기도 한다.

그렇게 살면서 알게 된 소중한 사람들 덕분에 내가 그려놓은 밑그림이 조금씩 색칠되어져 가고 있다. 내 인생의 밑그림을 잘 그리지 못한 것 같아서 걱정이었는데 내 인생에 들어온 소중한 사람들이 감사하게도 내가 잘 못 그려놓은 밑그림을 색칠로 예쁘게 덮어주는 것이었다.

그래서 우리는 무엇을 아느냐보다 누구를 알고 있느냐가 정말 중요하다. 그 사람의 됨됨이를 알기 위해서는 그 사람의 친구를 보면 알 수 있는 것처럼 내가 사귀고 있는 사람들로 인해 내 인생이 달라질 수 있다는 것이다.

나는 지금까지 서로에게 도움이 되는 그런 인테크를 꾸준하게 해왔다. 그래서 내가 여태까지 만나왔던 사람들 모두가 나에게는 너무나도 소중한 사람이었다.

내가 그려놓은 밑그림을 너무 예쁘게 색칠해준, 색칠해주고 있는 모든 분들에게 이렇게 말씀드리고 싶다.

"만나서 감사합니다!"

지금까지 수고해준 나를 위해

오늘 당신의 하루는 어땠는가? 오늘 하루를 행복하게 보냈는가? 아니면 악착같이 견뎌냈는가?

혹시 매일 반복되는 지루한 하루를 보내면서 설레는 여행만 기다리고 있지는 않은가?

"오늘 하루도 고생하셨어요", "오늘도 수고 많으셨습니다."

우린 너무 자연스럽게 이런 말을 주위 사람들에게 하고 있다. 그런데 생각해보면 참 우습다. 행복한 하루를 보낸 날은 다시 생각해봐도 기분이 좋은데 고생했다고 하고, 수고했다고 하니 왠지 미안해야만 할 것 같다. 다들 고생했는데 나만 행복했으니까 말이다.

하루하루를 버텨내는 게 얼마나 습관이 되었으면 우리는 하루를 마무리하는 말로 "고생하셨어요", "수고 많으셨습니다"라고 하게 되었을까?

우리는 수억 분의 1이라는 엄청난 경쟁률을 뚫고 정말 힘겹게 태어났다. 힘겹게 태어난 우리는 학창시절에는 공부만 하면 된다는 말에 잘하진 못하더라도 아침부터 밤까지 공부하며 죽기 살기로 입시를 준비했다.

대학만 잘 가면 된다고 해서 하루 12시간씩 공부해서 나름 만족하는 대학에 왔다. 그런데 대학에 와보니 이젠 취업만 잘하면 된다고 한다.

학창시절에는 입시가 전부인 줄 알았는데 대학에 와보니 입시는 시작에 불과했다. 요즘 취업이 워낙 힘들다 보니 스펙을 쌓기 위해 학교 시험공부와 동시에 동아리 활동, 공모전, 아르바이트 등 정말 다양한 활동을 해야 한다.

자기소개서도 써야 하고, 기업분석에 면접까지 열심히 준비해도 취업의 문은 쉽게 열리지 않는다. 진짜 이 취업 준비를 하다 보면 '내가 이렇게까지 해야 하나……'라는 생각만 수백 번 하는 것 같고, 자존감은 저 지하 밑까지 떨어진다.

그래도 그 어렵고 힘든 취업 준비의 문턱을 넘고 직장을 다니기 시작한다. 그러나 또 막상 직장을 다니다 보면 내가 생각했던 직장 생활과 너무 다르고, 또 나와 맞지 않는 사람도 많아서 매일 퇴사를 다짐하면서 출근을 하곤 한다.

맞다. 뒤돌아보니 하루하루를 버텨냈다고 하는 게 맞는 것 같다. 충분히 오늘 하루 고생했고, 정말 수고 많았던 게 맞다.

그런데 여기서 우리는 정말 중요한 것을 놓치고 있다. 어릴 때부터 열심히 공부하고 스트레스 받으면서 취업 준비에 직장생활까지. 그 누구보다 열심히 살고 있는 건 난데, 나에게는 그 칭찬과 위로 한 마디가 너무 인색하다는 것이다.

타인들에게는 조금만 고생해도 수고했다고 얘기하면서 정작 나 자신에게는 왜 그렇게 인색한지. 나를 먼저 위하고 사랑할 줄 알아야 좋은 인간관계를 형성할 수 있다.

솔직히 우리 진짜 열심히 살았지 않았는가? 앞으로 더 힘들 수도 있고 훨씬 행복할 수도 있겠지만, 그래도 지금까지 정말 수고해준 나를 위해 꽉 한 번 안아주었으면 한다.

그리고 부끄럽지만 나 자신에게 한 번만 사랑한다고 얘기해주길 바란다. 당연히 나부터 시작해야겠지?

"공준식, 사랑해."

북큐레이션 • 원하는 곳에서 꿈꾸고, 가슴 뛰는 삶을 살고픈 이들을 위한 책

《인맥이 그렇게 중요해?》와 함께 읽으면 좋을 책. 남보다 한 발 앞서 꾸준함을 가지고 미래를 준비하는 사람이 주인공이 됩니다.

미라클 액션

하재준 지음 | 14,000원

"행동이 없으면 오늘과 내일은 같은 날이다!"
망설이는 당신을 행동파로 만드는 행동력 훈련

스무 살에 분양사무소에서 영업을 시작해 37세인 지금 10여 개의 법인회사와 개인 사업체의 대표가 된 저자는 17년간 치열한 사업의 현장에서 살아남은 무기로 '남다른 행동력'을 꼽는다. 저자는 아침 알람 소리 한 번에 자리를 털고 일어나고, 발품을 한 번 더 팔고, '안 된다는 생각'은 없음을 다짐하고, 경험은 돈을 주고도 사며, 상대의 말은 끝까지 경청하는 등 사소한 행동 한 가지부터 행동하고 실천하라고 조언한다. 생각하느라 시간을 다 쓰는 사람들, 주저하는 데 많은 공을 들이는 사람들에게 매우 긍정적인 동기부여가 되어줄 것이다.

열정의 힘

최경숙 지음 | 15,000원

인생의 판을 뒤집는 경험을 배우고,
삶의 지혜를 더하는 통찰을 얻어라!

세상에는 두 부류의 사람이 있다. 상처에 굴복하여 웅크리는 사람과 역경을 딛고 용기 내서 세상이 부딪치는 사람. 삶의 주도권을 잡는 이들은 상처를 딛고 일어서서 자기 길을 찾는 사람들이다. 저자는 이 같은 삶의 태도를 결정하는 것이 '열정'이며, 이런 태도를 가능하게 하는 에저니가 바로 '열정의 힘'이라고 단언한다. 예술경영자, 음악감독, 음악기획자, 평론가, 칼럼니스트, 매거진 발행인 등 자신의 영역을 끊임없이 확장하고 있는 저자가 '열정 파워'로 삶의 통찰을 얻은 비법을 소개한다.